SI Libretto——004

「生きづらさ」の時代

香山リカ×上野千鶴子＋専大生

香山リカ　上野千鶴子　嶋根克己

専修大学出版局

はじめに

本書は、平成二一年一一月六日に専修大学創立一三〇年記念事業の一環として神田キャンパスにて開催された、「人間科学部開設・文学部改組記念シンポジウム　生きづらさのゆくえ」がもとになっています。このシンポジウムを企画した者の一人として、本書成立の経緯と意義について簡単にご説明いたします。

専修大学は平成二一年（二〇一〇年）九月に創立一三〇年を迎えました。また平成二二年四月には、文学部から心理学科と社会学科が分離して人間科学部が新設され、また文学部自体もそれまでの四学科六専攻体制から七学科に改組されました。

創立一三〇年、そして人間科学部開設と文学部改組にふさわしい企画をと考え始めたのが平成二一年四月でした。特に新学部は心理学と社会学という二学科体制となりますので、現在の日本でこれらの領域においてもっとも発信力のあるお二人、すなわち香山リカ先生と上野千鶴子先生をお招きして講演していただくと同時に、人間科学部、文学部から教員が参加してシンポジウムを行うという企画案がもたらされました。

幸い御両人からシンポジウムへの参加についてはご快諾いただいたものの、超多忙なお二人のことゆえ、日程の調整には大変な苦労をしたと伺っております。

またインターネットなどに講演会情報が掲載されると、正規の受付け開始前から一般聴講希望者の申し込みが殺到しました。そのため、当初設備の良い二〇〇人教室を会場として予定しておりましたが、それを五〇〇人規模の教室に変更して対応したものの、数日で予定人数をオーバーしてしまいました。当然、シンポジウム当日は、大盛況でした。

記念シンポジウムの内容については、本書をお読みいただくしかないのですが、その目的についてコーディネータの嶋根克己さんは冒頭で次のように語っています。

「現在は二一世紀の最初の十年間が終わるというマイルストーンです。二〇世紀というのは豊かさを求めて農耕社会から工業化社会に、あるいは前近代的な要素を多く残した社会が現代的な社会へと急激に移り変わった一〇〇年間でした。特に二〇世紀の後半、一九四五年以降は、私たち日本人は豊かさを求めて一生懸命走ってきたような気がいたします。そして、現実に二〇世紀の終わり頃には、先進諸国は世界史的に見てもかなり豊かな社会に到達しました。しかし、これほど豊かな社会になっても――あるいは豊かな社会になったために――、多くの問題が積み残され、あるいは思ってもみないような問題が生じてきております。それは青少年の不可解な犯罪であったり、中高年のうつや自殺の問題であったり、あるいは老年世代、高齢世代を含む「生きづらさ」の問題であったりするわけです。こうした現象の背後には豊かになった時代ゆえの「生きづらさ」というものがあるのだと思います。いろんな場所でいろんな人たちが、いろんな状況を抱えながら、生きづらさに苦しんでいるのではないでしょうか。豊かになったから表面化した生きづらさ、あるいは豊かになったがゆえの生きづらさ。こうした現象を見極めていったいどこにどういう生きづらさがあるのか? 誰がどのような問題を抱えているのか? そして、その原因を推測して、できれば今後の展開を予測しながら、どうしたら困難な時代を乗り越えていける知恵をえることができるのか、その可能性を探るのがシンポジウムの目的です」。

シンポジウム前半部では、香山リカさんから「生きるのがしんどい、と言う若者たち」について、さらに上野千鶴子さんが「ネオリベ改革がもたらしたもの」というテーマで講演していただきました。現在多くの人が感じている「生きづらさ」を、香山さんは私たちの内なる「こころ」の問題として、上野さんは私たちを取り巻く「社会」の問題として明快に解きほぐしていきます。その語り口のうまさと例示された多彩な事実群は聴く者を圧倒しておりました。その雰囲気は第1章と第2章をお読みいただければすぐに了解いただけるでしょう。

シンポジウムの後半部では香山さん、上野さんに加えて、本学から文学部哲学科の大庭健さん、人間科学部社会学科の嶋根克己さんがパネリストとして登壇し、さらに人間科学部心理学科の下斗米淳さんが司会を務めながら、「生きづらさのゆくえ」をめぐって白熱した討論が行われました。「無条件の存在証明」という根源的な問題から迫る大庭さん、少子高齢化のなかで進行する「妖精化現象」を問題とする嶋根さんがからんで、香山さん、上野さんのトークはさらに盛り上がります。これは第3章で感じ取っていただけるはずです。

本企画は専修大学創立一三〇年記念事業の一環として行われたことは先に記したとおりです。ですから一三〇年の節目に在籍している多くの学生たちにシンポジウムを聴講してもらうことで、今後の生き方、学び方を考えてもらいたいというのが本来の趣旨でした。しかしながら香山さん、上野さんが専修大学でトークバトルを繰り広げるというインパクトが強すぎて、一般聴講希望者の申し込みが殺到し、そちらに席を優先させざるを得ませんでした。その結果、参加できなかった多くの学生や教員から当日の内容をぜひ活字にして残してほしいという要望が多く寄せられました。

また、学生向けの企画であったのに、当日学生からの質問や意見を十分に取り上げることができなかった限界も感じておりましたので、後日、実際にシンポジウムを聴講した学生・院生五人に集まってもらい、シンポジウムの内容にたいして学生たちがどのような感想や考えを持っており、また彼ら自身がどのような生きづらさの中にあり、それをどのように乗り越えていこうとしているのかを、率直に語り合ってもらいました。準備段階を含めると延々七時間を超える議論を大幅に短縮して、さらに現役学生が経験した生きづらさを匿名で語ってもらったレポートを加えて、再構成したのが第4章です。学生たちの生き生きとした感性と将来への希望を読み取ってもらえればと思います。

最後に、これらのシンポジウム、学生座談会のコーディネータである嶋根さんに「生きづらさを超えて」と題して、この企画を通じて見えてきたことをまとめてもらいました。現在確かに「生きづらい」状況が、人間の内側（こころ）にも外側（社会）にも蔓延しています。これらを乗り越えるような希望のありかについて論じたのが第5章です。

これら一連の企画を実現し、またSIリブレットの一冊としてまとめるには多くの方のお世話になりました。特に、大変お忙しい中、日程を調整してシンポジウムに参加してくださり、書籍化への協力を惜しまなかった香山リカ、上野千鶴子両先生に、心より感謝申し上げたいと思います。

またこの一冊によって、現在の「生きづらさ」について多くの人が考え、またそれを乗り越えるきっかけができることを、企画者の一人として願っております。

専修大学副学長　荒木敏夫

（本書での所属、肩書、学年などはすべて二〇一〇年七月時点のものです）

「生きづらさ」の時代

香山リカ×上野千鶴子＋専大生

〈目次〉

第2章　ネオリベ改革がもたらしたもの――上野千鶴子　53

Photo：中村晴彦

第1章

生きるのがしんどい、と言う若者たち

香山リカ

1960年北海道札幌市生まれ。東京医科大学卒。現在、立教大学現代心理学部映像身体学科教授。臨床経験を生かして、新聞、雑誌で社会批評、文化批評、書評なども手がけ、現代人の〝心の病〟について洞察を続けている。専門は精神病理学だが、テレビゲームなどのサブカルチャーにも関心を持つ。著作に、『悪いのは私じゃない症候群』（ベストセラーズ）、『しがみつかない生き方―「ふつうの幸せ」を手に入れる10のルール』（幻冬舎）、『精神科医ミツルの妄想気分』（講談社）、『女はみんな「うつ」になる』（中央法規出版）、『雅子さまと「新型うつ」』（朝日新聞出版）など。

生存を維持するということ

みなさん、こんにちは。私は今は精神科医をしながら立教大学で教員をしているのですが、大学を卒業してからずっと精神科医をしてきていて、大学で初めて定期的に授業をさせていただいたのは専修大学でした。生田校舎のほうでサブカルチャー論という授業を十年ぐらい前から、毎年半期間させていただいていました。ここ二年ぐらい自分の病院の診療スケジュールと重なってしまう時間帯になってしまい、授業をできていなくて、知人にバトンタッチして場を据えているんですけれども。そういうことで、初めて大学で授業させていただいた専修大学が創立一三〇年を迎えて、また新しく学部もできるということで、嬉しく思っています。そんな嬉しい日なんですが、私の話も、今日この後に続く話も、そんなに明るい話ではありません。私は今、申しましたように精神科医で、今でも診療室で患者さんを見ているんですけれども……。

　ある若い患者さんが、「今の自分」ということで、「膝を抱えているクマ」と「寄り添うウサギ」の人形の絵を描いてくれたことがありました。クマちゃんは、涙を流しながら膝を抱えて、誰も自分を抱きしめてくれる人がいないので毛布にくるまって、泣いている。そういうときにウサギさんが出てきて、「もう泣かないで、そろそろ悩むのを止めにしない？」って、言ってくれないかなと思っているのだけれども、なかなかこういうウサギはやって来ない。だからいつも寂しくこうやって一人膝を抱えて、涙をさめざめと流している、そういう絵なんですね。最近診察室にいると、こういうことを訴える若い人たちが非常に多いです。

　みなさんご存知のように、私たち人間の体の筋肉というのは、手や足など、自分の意思で動かせる随意筋と、私たちの意思で動かすんじゃなく、勝手に動いている不随意筋に分かれます。心臓の筋肉とか胃腸の筋肉は不随意筋ですね。というように、私たちは内臓の筋肉なんかは動かせないので、それはご飯が入れば勝手に胃が動く、あるいは心臓は私たちの意思とは関係なく毎秒六〇回とか七〇回とか収縮したり、拡張したりしているのですが、ある若い患者さんが診察室で言ったのは、朝起きて「ああ、生きてる。今日も呼吸をしなきゃいけないと思うと、それだけでしんどい」とか、「今日も心臓を一日中動かさなきゃいけないと思うと、それを考えるだけでうんざりする」ということでした。

話がずれてしまうかもしれませんが、呼吸というのは、自然にやっている部分もありますが、意思の力で呼吸を止めたりとかもできますよね。というように、半分、随意筋で、半分不随意筋で呼吸というのができていますが、でもだいたい私たち、みなさんも息しているのを「さあ、吸って吐いて、吸って吐いて」とやっている人はいないと思うんです。自然に息してますよね。でも、今の若い人、私に話をしてくれた彼にとっては、息をするのも、頑張らないとできない。心臓動かすのも、「さあ、今日も一日動かすぞ」って思わないと、動かせない。黙っていると、呼吸するのもやめて心臓動かすのもやめて、そのまま生命活動も終わってしまう。そうしないためにはすごく努力して、呼吸をしたり、心臓を動かしたりしないと、生きていくことすら維持できないというくらい、生きることそのものが努力の結果だということを語って、生きるのがいかに大変か、それはもう止めにしたいんだということを、切々と語ってくれた男の子がいたのです。似たようなことを言う人はけっこう今います。

傷つきやすい若者のこころ

専修大学創立一三〇年で、一三〇年前の人間がどうだったかよくわかりませんけれども、生まれたからには生きていくのは自然の当然なことで、その生きていくなかでいかに生きるかとか、なにを成し遂げるかということを問題視したりとか考えたりする人は当時からいたと思います。それで大学が作られたりしたとは思うんですが、生まれた、生れ落ちたことそのものに対して、それを何で維持していかなきゃいけないのかとか、なんで生き続けなきゃいけないのか、生きることをそこまでしんどいと思ったり、あるいは止めにしたいとか。放っておくと生き続けるんじゃなくて、もう生きているのを終わってしまう、止めになってしまう……。そういうような意識は、おそらく一三〇年前の人間にはあまり理解できなかったのではないか。これは別に何かの証拠があって言っているわけではないですが、そう思います。かくも今の若者にとって、「今日生きる」というのは非常に大変なことなんだと言う人が増えているんです。

ある女性のブログのなかで、いくつかやり取りがあったあと、友だちが「いいなあ、ニートか※。うらやましい。俺もニートやってみたいよ」というように反応したわけですね。彼女は泣いた。泣いたどころではなく、一人で大号泣。そして、なんでそんなこと言うの？　なんでそんなこと言えるの？　わざと言ってるの？　好きでニートやってるわけじゃ

ニート　Not in Employment, Education or Training の略語。働いておらず、教育も職業訓練も受けていない者。

親に言われて傷ついた言葉（匿名掲示板より）

- あなたには期待してないわ。
- おまえにはけっこう投資したのに失敗だった。
- おまえじゃムリ。できるわけない。
- おまえ、いつからそんなにダメになったんだ。
- 別れた女房そっくりだな/お父さんそっくりね。
- （化粧をしていたときに）誰もあんたなんか見てないんだから早く行きなさい。
- 秋葉原の通り魔みたいにならないだけ、マシね。
- おまえが何を考えているか、昔からさっぱりわからなかった。

ない、うらやましいんだったら、あんた会社辞めてニートになればいいじゃない、と思った。もちろん、そんなことは友だちには言わず、適当に笑い話にして返信したけれど。友だちはまったく悪意なく、「いいなあ、ニートか、うらやましいよ」と言った。でも、その言葉にこの彼女は非常に敏感に傷ついてしまい、自分がまるごと否定されたような感覚になって、大号泣してしまった。でもこの人はそれを、その友だちには告げなかった。一人で泣いた。その友だちには笑い話にして「まあね」とか、そんなふうに返した。というように、すごく傷つきやすい。ちょっとした一言で、本当に心の底まで傷ついてしまう。でも、傷ついたことを相手にはすぐには返せない。それもここのブログのなかだけですけど、表れていますよね。

インターネットにはいろんなおもしろいものが落ちていて、親に言われて傷ついた言葉を挙げましょうなんてサイトがあって。いろいろ出てるんです。これを見て笑った人は、自分もこういうことを言っちゃうなと思って笑った親のほうかもしれないし、子どもの立場で私もよく言われたよと思って笑った方もいるかもしれません。おそらく言ったほうの親は、どんな意識があったかはわからないけれども、それほど深い意味もなく、化粧を丹念にしている娘に対して「もうそんな、誰も見てないんだから。今日お見合いじゃないんだから、早く行きなさいよ、遅れちゃうわよ」。こんなふうに、軽い気持ちで子どもにこういうことを言ってしまう親はいると思うんです。もちろん親だってこう言ったからといって、本当に子どものことを「誰も見ていない」とか、「失敗した」とか、「期待したのに裏切られた」とか、思っているわけでも多分ないかもしれない……わかりませんが。でも子どもとしては、その一言がぐさっと突き刺さって、そして長いこと親に否定された、親に失敗したと言われた、親に裏切ったと言われたと、どんどん傷を深めているわけですね。それでもインターネットでこうやって吐き出し合える場があると、こうやってお互いみんなそうなんだと言って、笑ってすまされるかもしれない、でもこうやって傷ついている。

攻撃性＝ものすごい不安

逆に、傷ついているかと思えば、攻撃的な若者もいるというのが報道されているわけですね。

たとえば秋葉原の通り魔※です。最近よく報道されるのは無差別殺人、不特定の他者に対する攻撃。「だれでもよかった」。これも一つの流行語のように、新聞などで何度も取り上げられてましたよね。ホームから人を突き落とした。これは一九歳の人がトラックを暴走させて、まったく見知らぬ人をはねて殺してしまったという事件でしたけども。このように無差別、通り魔殺人なんかまさにそうで、自分自身のうっぷんとかもやもやを、まったく不特定の他者に向けて発散してしまう。その人が命を落としたりする結果になることもある。そのときに必ず言うのは、「だ

秋葉原の通り魔　二〇〇八年六月八日に秋葉原で発生した通り魔事件。当時二五歳だった、派遣社員の男が、トラックとダガーナイフで無差別に通行人を殺傷し、七人が死亡、十人が負傷した。

れでもよかった」。そういう言葉を言う人たちもいる。もちろんそういう人ばかりではなく、一方で非常に傷つきやすくて弱くて、生きるのもしんどいという若者がいる。その一方で「だれでもよかった」「人が死んでもかまわない」と言っている若者たちもいる。もちろん、若者と言ってもいろいろといるので、ひと括りにはできないけれども、大人としては、いったい今の若者はどっちなんだ？ と。本当に弱くて傷つきやすくてめそめそしてるのか、それとも誰でもよかったと言って、不特定の人に攻撃したり殺害したりするのが今の若者の姿なのか。どっちかにしないと私たちにしても、収まりが悪いというか、どっちなんだという気持ちになると思います。

それで、去年もさんざん取り上げられましたけど、秋葉原の通り魔、七人の命が奪われた通り魔の犯人、おそらく彼と思われる人物が、携帯電話を使ってアクセスできるインターネットのサイトに、詳細に自分のつぶやきのようなものを残していました。それを見ますと、なるほどといったらおかしいけど、鋭いことも言っているわけです。

「ものすごい不安」とか「お前らにはわからないだろうな」とか。このお前らというのは、掲示板を見ている不特定多数の閲覧者の人たち、おそらく若者にですけど、発信された言葉ですよね。「勝ち組※はみんな死んでしまえ、そうしたら、日本には俺しか残らないか。あはは」。つまり、自分だけが負け組※で、あとはみんな勝ち組。「勝ち組死んじゃえ」ということは、「俺以外はみんな死ね」ということ。自分で言って、自分で突っこんでいるんですね。「俺がなにか事件を起こしたら、みんなまさかあいつがって言うんだろう」「いつかやると思ってた。そんなコメントするやつがいたら、そいつが理解者だったかもしれない」。それから、「現実でも一人、ネットでも一人」なんて、自由律の俳句みたいな。種田山頭火※とか尾崎放哉※とか、「咳をしても一人……」みたいなね。まあ、そういうノリですよ。

　ここにあるのは、非常に強い孤独感、非常に自嘲的な、自分に対する

勝ち組／負け組　小泉構造改革時代に、株式公開で巨富を手にした一群の人々が生まれ、「勝ち組」ともてはやされた。一方、格差社会化の中でどれだけ働いても報われない若者たちは「負け組」と称された。

種田山頭火　一八八二－一九四〇。戦前の放浪俳人。自由律俳句（五七五など音数にとらわれない自由な音律を用いる技法）の代表者。代表句に「酔うてこほろぎと寝ていたよ」など。

尾崎放哉　一八八五―一九二六。戦前の自由律俳句の俳人。代表句に「咳をしても一人」など。

劣等感とか自己否定的な気持ちですよね。でも、お前らにはわからないだろうなと言いながら、誰かが見てくれているんじゃないかとか、誰かが手を差し伸べてくれているんじゃないかというのを、どこかで待ってでもいるかのようなつぶやきです。こういうものを彼はたくさんインターネットに残していたわけです。

堂々めぐりの自罰意識

このように今のいくつかの例だけで、「今時の若者は……」と語るのはあまりにも雑駁で乱暴な括りですが、今の象徴的なケースを見ても、非常に今の若い人たちの傷つきやすさ、そして自分に対する自信のなさ、自分自身が誰にも望まれていないとか、誰からも必要とされていないというような、自分に対する肯定感が低いのがわかります。それから死んだほうがましだとか、生きている価値がないというような、自分を責めるような自責感、自罰意識が強い。よくその人たちが診察室で口にするつぶやきとして、「どうせ私なんか」「どうせ私が悪いんでしょう」とか、「僕なんか生きている意味もない」とか、「私なんか生きてる価値がない」みたいな、自分の価値や意味に対してあまり確信が持てない。生きてるのを止めたほうがいいんじゃないか？　そういう自分に対する価値とか意味の確信がないままに生きていくということは、最初に言ったように非常にしんどいわけです。毎朝起きて、「私は今日を生きていく価値があるだろうか、私は息をしていいんだろうか、私は心臓を動かしていて、この世の中に生存していて果たして許されるんだろうかと、いつでも自分に問いかけているわけです。

でも誰も答えは言ってくれない。それで、先ほどの秋葉原の容疑者のように携帯電話でつぶやいてみたところで、誰もそこに対して、彼の場合も、返答してくれなかった。誰かがなにか言ってくれるんじゃないかと期待していたけれども、結局誰も何も言ってくれなかった。誰も「いいんだよ」、と言ってくれない。最初に話したウサギのような人物が出てきて、「もうやめにしない？　もう悩むのやめにしようよ。そろそろ泣いているのはやめて。あなたはあなたのままでいいんだから」と言ってくれるような存在が、いつか現れるんじゃないか、どこかにいるんじゃないかというのを、いつも空想しているわけです。でもそれはファンタジーでしかなくて、そういうものは現実のなかにはなかなかやってこない。そんななかでいつも自問自答を繰り返しているわけです。

しかしそれだけ聞くと、弱々しい気の毒な、脆弱な若者像というのがイメージできるのですけど、一方でそういう若者たちが突然牙をむくように、ああいう不特定多数殺人とか、そういう攻撃的な行動とか、そこまでいかなくても、流行語のようになりましたけど「キレる若者」と言って、突然暴力をふるったり、突然クレーマーになって、公共機関とか病院などで攻撃的にものすごいクレームをつけたり……。そんなふうに豹変する若い人たちというのも問題になっています。

「どうせ生きている価値がない」、「どうせ私なんか」という自嘲的な発言をする若い人たちも、本当の本当に私は駄目だとか、本当の本当に生きている意味はないと思っているかというと、実はそうでもない面もある。それどころか逆に、私は特別だとか、私は他の人とは違うんだとか、あるいは私はものすごく素晴らしいことができるんだ、あるいはすべきだという、一方で非常に強い「なんでもできるんじゃないか」という万能感とか、「私は特別な選ばれた存在だ」という特権意識とか、どうせやるなら誰にもできないようなものすごいことをしなきゃいけないんじゃないかとか、自分らしいことをしなきゃいけないんじゃないかという高い自己実現欲、これもどうも隠れている。その人たちの言葉の端々に「私はなにかにならなくてはいけない」、あるいは「私はみんなとは違うはずだ」とか「こんなはずじゃなかった、このままでは終われない」というようなつぶやきが出てくることもあります。

はげしく乖離した心理傾向

よく、私も診察室で失敗することがあります。それは「どうせ私なんか」「どうせ僕なんか下の下ですよ」「人間のくずですよ」「最悪の人間です」「人間失格です」という若者たちに、「そんなことないよ。あなたは普通だよ」とか「どこにでもいる人ですよ」とか言うと、ものすごく怒るんですね。「どうせそうだ」とか「やっぱりそんなふうにしか思っていない」と。

彼らは実は「僕は最低の下の下だ」と言って、私のような大人、治療者である人間に、「そんなことないよ、あなたは誰も気づいていないいけどものすごい能力が隠れているんだよ。生まれる時代を間違って、今だからあなたのことを理解してくれる人はいないけど、絶対にあなたの持っている能力を花開かせれば後世に名を残せる人になるんだよ」とそういうふうに言ってほしい。そういう特別な人間じゃないんだったら、もう下の下のほうがマシ。

彼らがいちばん軽蔑したり、自分でなりたくないと思っているのが、そこそこの人間とか、普通とか、どこにでもいる人。平凡な人間というのが、彼らにとっては遠い存在であり、なりたくないものであるわけです。だから、秋葉原の青年も、「夢はワイドショー独占だ」という書き込みもあって、つまり誰にも相手にされない人生だったら、最後はやぶれかぶれで凶悪犯罪に突っ走って、そこで世の中の注目を集める人間になったほうがまだましなんじゃないか。それを実行してあの青年なんかは実現してしまったわけですね。非常に極端に乖離した、両極端の傾向を見て取れることがあります。

これはどういうことかというと、非常に乖離した両極端な、一方で自信がない「私は虫ケラのような人間だ」と言ってみたり、一方で「私は選ばれた人間だ」と言ってみるという、非常に乖離した両極端な心のありようですね。これがなぜこういうことになっているかについては、おそらく後半で上野さんのほうから、社会構造的になにかヒントをいただけると思うのですが、私は精神科医なので、個人の内面を深く考えますと、精神医学のなかからも、ちょっとしたヒントというものがあります。

分裂した自己

精神医学の概念のなかに、パーソナリティ障害※という、これまた話し出すとキリがないものがあります。これはよく、病気なんですか？　病気じゃないんですか？　人の個性ですか？　と聞かれるのですが、これはまだなんとも精神医学のなかでも答が出ていない。はっきりした病気、新型インフルエンザみたいな、そういう病気ではない。でも、その人のわがままなのかというとそうでもない。非常に幼いときからあって、何の原因なのか、それが脳の原因なのか、環境の問題なのか、親の育て方

※パーソナリティ障害　情緒的にも対人関係でも不安定で、行動化が激しく、怒りと空虚感に満ち、治療関係の継続が困難な症状。分裂や投影的同一性、否認などの防衛機制を示すことが多い。

とかそういう問題なのか、そのへんはまだよくわかっていない。おそらく、すべてが複合的に絡み合ったことで起きるある種の性格、パーソナリティの非常な偏り、歪みで、これは本人のせいとも言い切れない。今言ったように、本人のわがままではない。もっと外からの、いろいろな要因で決まってしまうもの。だからといって、インフルエンザのようになにかに感染して起きるようなそういう病気でもない。これはまた非常に理解しにくいような問題ですけれども、パーソナリティ障害という概念があります。

そのなかでも境界性パーソナリティ障害、ボーダーラインパーソナリティ障害といわれている一グループがあるのですが、この人たちが今私が申し上げたような、極端に離れた、極端に違う二つの価値観の間を行ったり来たりすることを特徴とするパーソナリティだといわれているんですね。この人たちは何が極端かというと、まず感情、気分が極端。つまり超ご機嫌なときと、超最悪なときと、どっちかしかない。今日はまああだとか、最高でもないけど最悪でもない、というときがない。ものすごくハイテンションで「世界は私のためにある！」というぐらいご機嫌なときと、「もうだめだ、なにもかもおしまいだ」というようなどんよりした気分の両方しかない。自己像についてもそう。「私って最高、私ってすごい」というときと、「もう俺なんか最悪だ、人間の屑だ、生きてる意味もない」と自信が極端に失われているような、そういう自己像の分裂です。

さらにやっかいなのは、この人たちは対人関係においてもそうです。誰かとの人間関係においても、大好きと大嫌い、その両方でしか相手と接することができない。しかもさらに問題なのは、一人の人間に対しても大好きと大嫌いが入れ替わるんですね。だから、ベタ惚れをしている時期、「あなたに一生ついていく」とか、「あなたに会うために生まれてきた」とか、「先生みたいな人になりたい」と言っているときもあるかと思えば、それがちょっとしたなにかトリガー※（いわゆる地雷を踏むと

トリガー　銃などを作動させるスイッチ。銃爪（ひきがね）。状態変化のきっかけとなる事柄。

いうやつです）などをきっかけに「もうお前なんか顔も見たくもない」、「あっちへいけ」、「もう絶交だ」、「一生関わらない」といった罵倒をするわけです。でも、その罵倒も長続きしなくて、しばらくすると、「やっぱりあなたがいなきゃ生きていけない」、「やっぱり先生のところでもっと治療を続けたい」という、一人の人間に対する人間関係も百かゼロか、極端から極端を行ったり来たりする。そういう構えしかとれないようなボーダーラインパーソナリティ障害という人たちがいる。この人たちの特徴、診断基準というのがあるんですけれども、これは私がお話ししたようなことが精神医学の診断基準の言葉で色々書かれているだけなので、これは飛ばしますね。

コントロールできない自分

境界性パーソナリティ障害の一番の中核的な病理として、マスターソン※という精神医学者が、この人たちの心の一番の問題は、「スプリッティング※」だと言っています。スプリッティングというのは、いわゆるボウリングでスプリットって出ることがありますね。端と端だけが残ってしまって、真ん中のピンだけが倒れる。非常にスペアが取りにくいですよね、端と端だけだと。そういうことです、そのスプリットからきている、スプリッティングという言葉です。

　この人たちは自分のイメージに対して、よい自分と悪い自分があって、それが自分のなかで分かれてしまっている。私たち大人は、そのへんは、よい自分、悪い自分とそんなに二極化していなくて、うまいかたちでブレンドして、自分にはよい面も悪い面もある、自分には長所もあるけど短所もあるというふうに、自分のなかで絵の具をまぜるようにして灰色の状態で理解する。あるいは自分という人間の表の顔はよい顔だけど、ちょっと後ろを向くとずるい面もあるとか、それが自分のなかで一人の人間だ、一人の人間の両面なんだということを私たちは一般的には自分

マスターソン　James F. Masterson　一九二六―二〇一〇。対象関係論の先駆者。著作として『自己愛と境界例』、『青年期境界例の治療』などがある。

スプリッティング　良い対象と悪い対象を分割すること。現実に生じてくる「悪い」側面を何がなんでも認めない万能的否認や、「良い」イメージを対象に貼り付けてしまおうとする投影同一化などの防衛機制として働くことがある。

のなかで理解して、それを両方私なんだときちんと自分を保ち続けることができる。

　ところが境界性パーソナリティ障害の人たちは、良い自分と悪い自分がボウリングのスプリットのようにかけ離れている。多重人格のように、そこまで別人ということではない。両方とも私だということは知っている。でも、私だということを知っていても、コントロールできない。良い自分が出てくるときと悪い自分が出てくるときを、自分でうまくコントロールしたり、ブレンドさせることができない、そういう人たちなんですね。その「all good」と「all bad」に分かれてしまった自分を、ウチワの表と裏みたいに、くるくる替えながら世界に対して向きあっているんです。だからもちろんそれを相手にも投影して、他の人も、今日はあの人は完全によい人に見えたり、最悪の人間に見えたりしてしまう。もちろん自分の感情についてもそうですね。というように、なにか自分自身あるいは周りに対しても、非常に白黒はっきり、百かゼロか、良いか悪いか、all good か all bad か、そんなふうな見方しかできない。そういう人たちがいるということは、これは一九八〇年代から精神医学の世界で指摘されてきたことです。

一般に浸透したスプリッティング

ところが、これまでは、一九八〇年代から九〇年代にかけては、こういった境界性パーソナリティ障害の人たちのスプリッティングというのは、これは病理のなかの話だけだったわけです。この人たちはいわゆる社会に普通にいる人たちというよりは、こういう問題を抱えた人たちということで、診察室のなかの問題でした。ところが、今ではこういったスプリッティングという現象も、一部の病理を抱えた人たちの問題ではなくて、いわゆる一般の若い人たちのなかにも浸透している。別に病院に来ている若い人ではありません。先ほどのブログを書いている若い人とか、どこか大学に通っていた普通の若者です。大学を卒業したあとニートになってしまったという人ですね。別に、それで心を病んで病院で治療を受けているとかそういう人ではありません。秋葉原の青年だって、医療の枠内でケアを受けていた人ではないのです。それまではどこかの派遣会社に所属して、工場のなかできちんと労働していた若い人です。

というように、これまでは診察室のなかだけで見られていたスプリッティングという現象が、いつの間にかある種、若い人たちのスタンダードのようになってしまっている。ここからが本当は問題で、じゃあなぜそんなことになっているのか？　おそらくこれは、個人の内面の問題というよりは、社会との関係で問題になってくるところだと思います。後のディスカッションのなかで、このへんを深めていきたいと思うんですが、私がいくつか思うこととして、いくつか問題提起というか脈絡なくさせていただきますね。

私なんかが思うのは、一つは今、世の中にこういう自己啓発本※があふ

自己啓発本　自己をより高めるためのノウハウを説く書籍。決断力や行動力、問題解決力、生きがい、人間関係、コミュニケーション能力など、ジャンルは多岐にわたる。

れていることです。これは昔からありますけどね、八〇年代、七〇年代からありますが、「あなたも望めばかなう」とか「夢は必ず実現する」とか、「収入がたちまち何十倍になる」とか、「時間をこういうふうに使えば能力が開発される」とか、「脳に眠っている可能性をこうすれば引き出せる」とか……そういった類のものです。自分自身がこのまま生きていくということが許されない。何者かにならなければいけない。それが、そこそこの自分とか、ほどほどの自分ではなく、特別な自分とか、自分が持っている潜在的な能力を一〇〇パーセント実現できるような、そんな人間にならなければいけないと言われているかのような自己啓発書が、世の中にあふれていて、いずれも若い人たちの心を強くとらえているという現象がある。それが悪いとか良いとか言っているわけではなく、そういった現象があるということです。

若い人たち、学生さんたちの就職支援のサイトのなかから勝手にコピーしてきたんですけれども、「就職活動するときはまず自分を大切に」、「自分らしさを見つけなさい」、「自分らしさが実現できるような仕事を見つけなければいけない」と言っているんですね。「ただ仕事をするのはだめなんだ、ただ仕事を持つのはだめで、あくまで仕事を通して自己実現しなければいけない」、その自己実現というのもただ「あ〜楽しい」とか、「今日もできた」というだけでなくて、「そうか、私はこれをやるために生まれてきたんだ、これが私の天職だ」というふうな、なにか実感を持てるようなことをしなきゃいけないんじゃないか、と。そうは言ってないんですけどね、こういうものを読んだ若い人たちは、おそらくそのように思ってしまう人もいると思います。

一方で、自己実現をすること、特別な自分になること。先ほどから言っている all good のほうですね、それを実現しなければ、どうも人間生きている価値がない。all good の自分がもっている潜在的な可能性を全部発揮して、人からもあなたがいなければ駄目なんだと言われて、自分のなかでもこれをやるために私は生まれたんだと思えるような人生を送らないと、生きている価値がないと言っているような、自己実現への強いプレッシャーというのも、関係しているのではないかと私は思います。それがどう関係して、どうなるかということは後でお話ししたいと思うのですが。

優勝劣敗の原理

あるいは、これは次の上野さんのお話で出てくると思いますけれども、こういったall good　all badというのは、実は、私は心理の問題、人の内面の話としましたけども、世の中の、あとでお話が出てくる、ネオリベラリズム※、ネオリベ、新自由主義あるいは市場万能主義といわれているような経済の世界では見方が違うかもしれない。実はスプリッティングというのは、精神病理の世界では健全でない物として扱われています

ネオリベラリズム　一八世紀、アダム・スミスは経済を個人や企業の自由な経済活動に任せるべきであるという自由主義を唱えた。一九八〇年代に入ってイギリス、アメリカを皮切りに減税、規制緩和、民営化などを通じて「小さな政府」が目指された。これら一連の政治・経済変革をネオリベラリズム（新自由主義）という。

けれども、経済の世界では、売れるものはよいものだ、売れないものは悪いものとか、とにかく成果を出す人はできる人、でも成果を出せない人はいらない人、というふうにこの市場原理で物事を考えていこうとすると、非常に単純な二分法で、よく言われているのは勝ち負け、いわゆる優勝劣敗の世界ですね。こういうことは別に病理ではなくて、ある種必然的な結果としてこういったスプリッティングが起きしまうものとして、ずっとここ一〇年二〇年の間あったのではないでしょうか。

また、それがただ経済の世界だけに留まらず、人々の物の考え方、例えば何か政治、政党を選ぶときでも大勝ちをするところと大負け、大敗するところがめまぐるしく入れ替わるとか、あるいは、ある人が次期総理大臣といわれるぐらい人気があるのに、ちょっとしたスキャンダルなんかが発覚すると今度は全員からバッシングを受けて、ひどい非難を浴びる。それは政治の世界だけでなくて、人気タレントとかそういう世界でもそうだと思うんです。なにか、一人勝ちをするか、罵倒されるかというような、一つのものに人気が集中して、あとのものはみんな無視されてしまう。一人勝ちしていた人も、ちょっとしたことでみんなから非難されてしまって、また入れ替わるという、世の中の考え方とか価値観、仕組みがスプリッティングを促進していたり、あるいはスプリッティングがないと物事が進んでいかないぐらいに、スタンダードになってしまっている。このへんは人の内面と、そういった経済とか社会構造の変化や要請というものがシンクロした因果関係、どっちが先で後でというのではなくて、どっちもどっちに対してアフィニティ※、親和性があって、その結果として前に進んでしまった、促進されたようなことではないかと思っているんです。そのあたりは上野さんのお話を聞きながら、後半お話をしていきたいと思っています。

すべてを受容して生きられる

アフィニティ　二種の物や言語間にある密接な関係。

いずれにしても、これは現実に起きている若い人たちの事態です。もちろんみんながみんなそうというわけではないですが。NHKの朝の連続テレビ小説、ご存知の人もいると思いますが、水木しげる※の奥さん、武良布枝さんという方をとりあげて「ゲゲゲの女房」というドラマが始まる。その水木さんの奥さんが書いた自叙伝みたいなものがベースになっているんですけれども、その帯に、水木しげる自身がキャッチコピーというか推薦文を書いているんです。それがすごくて、「女房は、生まれてからただ生きているというような人間です」というんです（笑）。すごいですよね。つまり本当にその話を読んでいると、本を読む限りですが、なぜこうしなきゃいけないとか、なぜ私はなんのために生まれたとか、葛藤がまったくないんです。起きたことをそのまま受け入れて、そのまま行動している。生きていることに対しても疑問を持たずに、とにかく今の状況のなかでなにをするのが最善かということだけ考える。子どもが生まれたらどうやって育てればいいか、旦那さんの水木しげる

水木しげる　一九二二ー。一九六四年に雑誌『ガロ』でデビューした漫画家。代表作に『ゲゲゲの鬼太郎』がある。

がすごい貧乏なときも、別にそれを「どうして貧乏なの!」とか言わないで、それはそうだということで、そのなかでどう生きるかと。自我の確執とか葛藤がほとんどないように見えてしまう。

もちろん、それがいいとは言わないですよ。そんなことしていると、誰か権力者の人にいいようにされてしまったり、どんなことが起きても受容してしまう。それはもちろん抵抗する力がなくなるとか問題はありますけれども、そういった自我の在り方もあるんですね。生まれたからただ生きていく、生まれたから当然のようにして生きていくという自我の在り方から、多くの人はいかに遠いところにきてしまったか。先ほど言ったように、今日一日生きていくことですら、その意味を考え、なにか理由を探して、一生懸命「よし、しかたない、今日も一日生きるか」というふうにしないと、息をしたり心臓を動かすこともできないというぐらい、生物として生まれたから今日も生きる、ご飯を食べるというそういう在り方から、極北の遠いところまできてしまったわけですね。

それをまた戻すとか、昔に帰るとか、なにか江戸時代の花鳥風月に自我が溶け合っていたような時代に戻すといったことはできないですね、ここまで遠いところまで来てしまったら。でも、そういうなかで、生きづらい、生きるのがしんどい、今日一日生きていくのにも理由が必要だ、あるいは自分自身に対する評価が今言ったようにめまぐるしく変わり、最高と最低というのをくるくる繰り返して、そのなかで疲弊していってしまう若い人たちを、どうやってもう少し生きやすく生きていってもらえばいいのか。この辺が、非常に今私たち大人に突きつけられているテーマなのではないかと思っています。

ということで、私は今、若者側の、特にその人たちの心のありようみたいなことでお話をさせていただきました。ほどなく、今度は上野さんから、個人個人を社会の側から、逆方向から見たお話があるかなと思っています。また、そのあとのシンポジウムで、そのへんがどこのあたりで結びつくのか、あるいは本当にこういう事態があるとすれば、どうすれば解決というか、何かいい方向に進むようなことができるのか、あるいは、もう進めなくてもいいのか、これは一つの流れでこうなってしまっているので、それに対して私たちは手を加えるべきではないのか、そのへんについて、また専修大学の先生方のお話もお聞きしながら考えたいと思っています。ということで私に与えられた時間は終わってしまったようですので、このへんにします。どうもご静聴ありがとうございました。

第２章

ネオリベ改革がもたらしたもの

上野千鶴子

１９４８年富山県生まれ。京都大学大学院社会学博士課程修了。現在、東京大学大学院人文社会系研究科教授。専門は女性学、ジェンダー研究。この分野のパイオニアであり、指導的な理論家のひとり。近年は高齢者の介護問題に関わっている。著書に、『上野千鶴子が文学を社会学する』（朝日新聞社）、『差異の政治学』『当事者主権』（中西正司と共著）（岩波書店）、『おひとりさまの老後』『男おひとりさま道』（法研）、辻元清美との共著『世代間連帯』（岩波新書）、など。

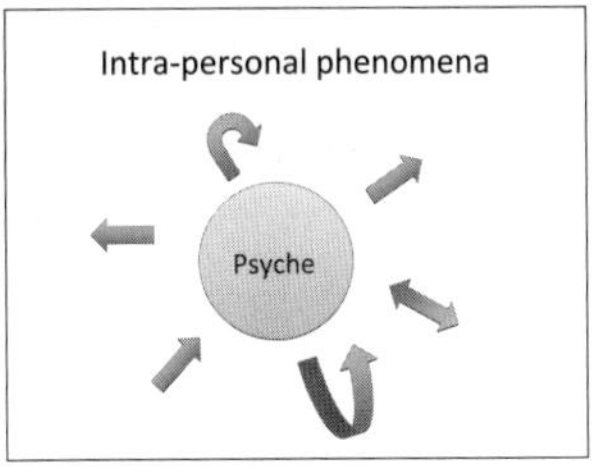

心理学と社会学の違い

専修大学創立一三〇年、本当におめでとうございます。本日は、最初二〇〇人の会場をご用意いただいたということでしたが、結果的には五〇〇人を超えてこんなにもたくさんお越しになったということは、皆さん、（香山）リカちゃんファンなのか（笑）、それとも、「おひとりさま」なのか、それとも……そんなに生きづらい人が多いのか……。香山さんがおっしゃったように、all good でもなく、all bad でもなく、中間ゾーンというのがちょうどいいのですが。なんでも「そこそこ、ほどほど」というのが一番いいですね（笑）。その点では、私は香山さんと完全に意見を同じくしています。とはいえ、心理学と社会学は、近いように見えますが、実は仲の悪い学問なんです。

専修大でも来年いよいよ心理学科と社会学科ができるんだそうですけ

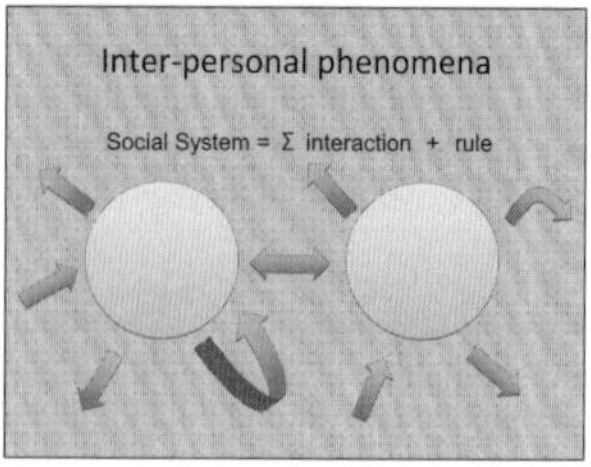

れども、フタを開けてみたらどちらが学生を集めるでしょうか……。心理学と社会学というのは、学生さんが進学する時に「どちらに行こうかしら」と迷う学問なんですが、実は入ってみるとものすごく違う。どう違うかを簡単にご説明しますね。

心理学というのはイントラパーソナルな現象を研究する学問です。パーソンというのは、ペルソナから来ています。このパーソンの内部にサイキ※、心理と訳すんですが、サイキというものがあると想定して、それを研究する学問が心理学です。ココロなんかあるかないか、誰も見たことがないのでよくわからないんです。サイキがあることにしておくのが心理学ですね。ところが社会学というのは、サイキの外側にあるもの、つまりインターパーソナルな現象、パーソンとパーソンの間にある現象を扱う学問です。別な言葉でインターアクション、相互行為とも言います。

ですから、心理学はパーソンの内部を研究する学問であるのに対し、

サイキ　精神分析学や深層心理学で、思考や行動あるいはパーソナリティに影響を及ぼす個人の内部にある力を意味する。古代ギリシャ神話から借用された用語。

社会学というのは、パーソンの内部は空白でかまわない。心のなかで何を考えているかなんてわかんなくたっていいんです。その人の外にあらわれたふるまいさえわかればいいんです。そういう学問なんですね。

社会というものをみなさんは個人の集合と思っておられるようですが、間違いです。社会学では社会というのは、個人の集まりではなく、ふるまいの集合なんです。人と人のあいだも目には見えませんが、ふるまいは、外から観察することができます。人々の行動に一定の規則があるから、その人の行動の社会的な意味が解読できます。というより、意味が解読できる行動だけを社会的行為といいます。こういう考え方ができたのは、言語学のおかげなんですが、たとえば言葉というものを単語の集合だと考えたら大間違いです。言葉というのは、こうやって喋っている発話の集合ですね。人の音声が意味に聞こえるのは、言語の規則を知っているからですよね。それと同じで、人々のふるまいの集合に一定の規則があるから、その行動がなにを意味しているかがお互いにわかるおかげで成りたっているのが社会というものです。

心と社会の変化のシンクロ

そこで、生きづらさというものがどこからくるか？　心理学は生きづらさは心からくると考えます。社会学は心の外側からくると考える。心というのはブラックボックスなんですね。目に見えないものですから。社会というものも目に見えないものなんですけれども、少なくとも人のふるまいは外から見える。どうふるまっているかということが肝心で、なにを考えているかは知ったこっちゃない（笑）。

例えば、セクハラ防止が問題になっていますね。セクハラ男性がどんな下心を持っているかはわからない。心の内面まで立ち入って、男性の下心を矯正しようなんてことは、誰が考えてもそんなことできっこない。ただ、これこれのことをするとイエローカードだから、つつしみなさいねと言って、その人のふるまいが変われば、「社会が変わった」と言っていいんです。
たとえば生きづらいと考えている若者たちがたくさんいるでしょうが、その人の心はともかく、ふるまいが変わる、例えば、朝ちゃんと起きられるとか、食欲があってご飯を食べられるとか、そういう変化が起きればいいんですよね、リカちゃん？（笑）
ちょっと単純化して申しましたが、香山さんも実はそんな単純なことをおっしゃっているわけではなくって、心の変化というものと、社会の変化というものはシンクロしている。そのシンクロがどうなっているかを心理学と社会学の両側からアプローチしてみようというのが、今日のテーマのねらいです。
このところ、精神科医と心理学者が大人気ですね。リカちゃんブームが起きている。なぜかというと「社会の心理学化」という現象が起きているからです。それはどういう現象かというと、社会で起きたさまざまな現象を、心理学用語で説明する流行です。トラウマだとか、分裂症だとか、抑うつ※だとか、あるいは境界性パーソナリティ障害だとか、というような言葉で特定の事件を説明するというような傾向です。例えば秋葉原無差別殺傷事件を犯人の特定の心理的傾向で説明するか、受験に失敗したことや派遣切りという労働市場の要因で説明するかは大きな違いです。

ところが逆に心理学も社会学化しておりまして、ある個人に現れた心理的な症状が、その社会全体の症候の一つのサインじゃないかと読み解く、こういう考え方をする精神医学者は昔からいました。七〇年代には小此木啓吾※さんという心理学者がいつまでたっても大人にならない若者たちを「モラトリアム症候群」と呼びました。同じように笠原嘉※さんは、学生の卒業恐怖をエリクソンに倣って「アイデンティティ拡散症候群」と呼びました。最近では斎藤環さんが「ひきこもり」専門家、香山リカさんも「プチうつ」などで大変なモテモテでひっぱりだこです。こうい

抑うつ　うつ病患者に典型的に見られる症状で、はっきりした原因もなく、物事への意欲を失ってしまう状態。症状が進むと周囲の物事との関連が感じられなくなる離人症や、何ごとにも感情が動かないアパシー（無気力・無感動）になることもある。

小此木啓吾　一九三〇ー二〇〇三。精神科医、精神分析学者で、フロイト研究、阿闍世コンプレックス研究の第一人者。『対象喪失—悲しむということ—』中央公論新社。『自己愛人間』朝日出版社。『モラトリアム人間の時代』中央公論新社など。

笠原嘉　一九二八―。統合失調症などを専門とする医学者、精神科医。『アパシー・シンドローム』岩波書店。『軽症うつ病』講談社現代新書など。

う心理学者や精神医学者の共通の特徴は、心理を心理だけで説明しないことです。それに社会的な要因を持ち込んで、心理と社会を両方シンクロさせて考えようというところですね。ですから、今日は、心理学と社会学の対話ができると思って期待してまいりました。

親による過剰期待の負荷

同じ現象を社会学者はどう考えるかというと、例えばモラトリアム症候群とか、アイデンティティ拡散症候群みたいな若者の病理、いつまでたっても大人にならない、就職を延期する、卒業を恐怖する、引きこもりするというふうな現象に、なにか外側に原因があるんだろうと考えます。

それを簡単にサックリ言ってしまうと、「ああ、大人になれない期間が延びちゃったからだよね」と説明します。これが青年期の長期化と呼ばれる現象です。なぜ起きたかというと、高学歴化が原因です。たとえばオヤジから、「いっぱしの口をきくな、てめえで稼いでから言え」と言われたって、いつまでたっても大学に在籍しているあいだは、オヤジに逆らえません。そのうち超高学歴化で大学院まで、〝入院〟する人たちも生まれます。私も大学院に進学したばかりに長い〝入院〟生活を送りました（笑）。〝入院〟生活が長くなると、今度は社会復帰するのにリハビリテーションが必要になってきます。

社会全体が高学歴化を進めるなかで、高学歴でないと一人前ではない、と思われるようになってきました。高校はすでに全入状態ですね。昔は一五歳で元服ですよ。一五歳で結婚して子どもを作り、二〇歳前に離婚している人もいました。それが、なかなか大人になれない構造ができてしまったのですが、それは、その子どもたちの責任ではありません。九〇年代以降、引きこもりとか、うつや自傷が増えてきました。社会学者はその背景に「少子化がある」と考えます。どうしてかというと、一人当たりの子どもの数が大変減りましたので、子どもに対する親側からの注目が非常に高くなった。子どもの一挙手一投足が親の監視のもとに置かれるようになって、親の高い期待の負荷をかけられるようになった子どもが、親の期待に応えられないと、そのことに対して非常に強い自責感を持つようになりました。その背後に、「ネオリベ」ことネオリベラリズムがあります。

ネオリベ改革とは

こういう、個人の心理的な症状の変化と、社会現象の変化を見ていきますと、似たような現象に、大昔は「それってヒステリーだよ」「神経症※じゃない？」って言っていたのが、最近では、「トラウマじゃない？」「いや、発達障害よ」「境界性人格障害じゃ」「スプリッティング（解離性人格障害）じゃない」と、今日覚えた流行語みたいに、説明が変わっ

神経症　心の葛藤をあらわすさまざまな症状であり、葛藤の起源は身体的な原因によらず、心理的経験に求められる。典型的な症状として不安神経症があり、対人関係の不調につながる症状もある。

ていきます。先ほど香山さんから、この傾向が八〇年代から九〇年代の現象だと聞いて、深く腑に落ちるところがありました。その頃から、いわゆる青年期の逸脱といわれるものが、アクティング・アウト※から、アクティング・インへと変化してきました。

もっと簡単に言うと、非行から自傷へです。他人を傷つけることから、自分を傷つけることへの変化です。秋葉原事件のような凶悪な殺傷事件があるじゃないかとお思いでしょうが、統計で見ると、少年犯罪は増えていません。しかも凶悪化もしていません。秋葉原の事件は、極めて例外的だったからこそ、メディアは飛びついたのです。ああいう凶悪な事件は、たとえば敗戦後から一九五〇年代にはもっとたくさんありました。ところが、少年の自殺率は、いじめによる自殺も含めて時代が下るほど増えています。不登校、ひきこもりは、もはや例外的とは言えないぐらいに増えました。こういう変化からなにがわかるかというと、どうやら攻撃衝動というものが、他者から自己へ向かっているのではないか。何

アクティング・アウト　心理治療において、記憶や態度や葛藤が、言葉によらず行動で表現されること。広義では、葛藤が外在化する行動一般を指す。

か困ったことが起きたときになんでこんなことが起きたのか、誰が悪いのかと思ったときに「私が悪い」というしかないから、生きづらい思いをするんです。これを、「私が悪い」という代わりに「貧乏が悪い」、「社会が悪い」、「学校が悪い」、「先生が悪い」、それから「資本家が悪い」とか言えたらラクですよね。その結果、テロリズムのような他傷行為に行けたら、たぶんこちらのほうがずっと、気分はすっきりすると思います。

それなのに、誰も自分以外の人を悪いと言えず、責めることができないために、自分自身を責めるほかない、それで攻撃衝動が我と我が身に向かう。なぜそういうことが起きたのか？　という問いに対する心理学者の答えは、「心が変わったから」。しかし社会学者はそれに対して、「社会が変わったから」と言います。社会が変わったというのは、社会環境やルールが変わったからです。

心が変わったからという答えは、どうしてこんなに心優しく傷つきやすい子どもたちが増えたんだろうか、という心理学的な問いにつながります。きょうびの子どもたちって本当にストレス耐性※がないわねっていうことになります。それじゃあ、子どもたちのペルソナことパーソナリティ（人格）が変わったんでしょうか。

　人格が変わった理由を社会学者は外に求めます。その一つは子育て環境が変わったからです。子どもの数が少なくなったせいで、親子関係が緊密になりすぎたせいだろうか、という考え方です。もう一つは社会のルールが変わったという解釈です。それが八〇年代以降、いわゆる「ネオリベ改革」と言われるものです。業績主義とか、優勝劣敗と言われる「自己決定・自己責任」の原則が急速に広まりました。それを押し進めたグローバリゼーションの大波を日本が被ったのは、八〇年代から九〇年代でした。

　おそらく、心理学的な理由と社会学的な理由のどちらか一方が正しいというわけではないでしょう。なぜかというと、同じ大きな社会的な変

ストレス耐性　ストレス（心労、寒冷などの刺激が原因で起きる生体機能の歪み）にどれだけ耐えられるかの強さの度合。

化を経験しても、そのなかで秋葉原事件を起こすような青年や引きこもりになる青年もいれば、そうはならない青年もいるわけですから。だとしたら、社会が変わったという要因と心の要因の両方が組み合わさって、人々のふるまいが変化するんだと思います。

ネオリベが壊したもの

ネオリベこと新自由主義とは、ごく簡単に言うと市場万能主義のことです。公平な競争のもとで勝ち負けを争って、勝ったら勝者の能力と努力のおかげ、負けたら敗者の無能と怠慢のせい。そういう「自己決定・自己責任」の原理をさします。規制緩和をして勝者が残り敗者は退出する市場の原理に委ねたほうが、財の最適配分ができるようになるという考え方のことです。

世界史的に見ると、このネオリベ改革は、イギリスとアメリカでサッチャー※、レーガンがいち早く推し進めました。これを保守革命と言いました。改革の旗を振ったのが、保守派のほうだったからです。

日本では二〇〇〇年になってから小泉純一郎政権がネオリベ改革を推進し、「二〇年遅れの保守革命」と言われました。なにも二〇〇〇年代になって小泉さんが登場してから突然ネオリベ改革が始まったわけではなく、今から思えば九〇年代以降の構造改革からすでに変化は始まっていました。九〇年代の日本はバブルの崩壊、ポスト冷戦※、グローバリゼーションの三点セットを経験しました。この世界史的な変化への対応がネオリベ改革だったと言えます。この世界史的な現象は日本の若者、とくに女性にどんな変化をもたらしたでしょうか。

ネオリベ改革と女性

この当時、ネオリベ改革と日本の右傾化が共に進行するだけでなく、

サッチャー　一九二五―。Margaret H. Thatcher　イギリスの元首相（在任一九七九―九〇）。政府の市場介入を抑制、国有企業の民営化、法人税の引き下げなど、新自由主義的な経済政策を導入。その強硬な政治姿勢から「鉄の女」と呼ばれた。

ポスト冷戦　資本主義陣営のアメリカと共産圏のソ連との対立構造が解消し、アメリカが唯一の超大国となった時代のこと。多国籍企業の拡大とともに「グローバリゼーション」という名目で、アメリカ型経済システムが世界各地に浸透した。

この動きと男女共同参画政策が、なぜだか手に手を携えて進むという非常に奇妙なことが起きました。九九年に男女共同参画社会基本法※が通ったのと同じ国会で、国旗国歌法が成立しています。男女共同参画社会基本法は超党派満場一致で通っています。同じ国会議員が国旗国歌法にも賛成しているんですね。

　ネオリベ改革には、既得権を崩壊させていく力があります。それが、ナショナリズムと結託した。自民党をぶっ壊すと言った小泉さん本人が、羽織袴を着て靖国※に行きました。言ってることとやってることが違うじゃないかという人がいますけども、二枚舌を使うのが政治家の能力というものです。ですから、一方で保守の基盤を壊しておきながら、壊したものを別の方法で修復するというのが純ちゃん流のナショナリズムの使い方でした。

　ネオリベ改革というものは二つの効果を持っています。一つは既得権を持っている人たちに楔を入れて、これを二つに分解していく効果です。

男女共同参画社会基本法　二〇〇〇年に施行された日本の法律。「男女が、互いにその人権を尊重しつつ責任を分かち合い、性別にかかわりなく、その個性と能力を十分に発揮することができる男女共同参画社会」の実現を目的とする。

靖国　軍人・軍属の戦没者を「英霊」として祀る東京都千代田区の神社。二〇〇一年八月一三日に当時の小泉純一郎首相が公式参拝したときには、国内外で賛否をめぐる激しい議論を巻き起こして、外交問題にまで発展した。

もう一つは既得権益を持たなかった人たちのあいだにも楔を入れて、これを勝ち組と負け組に分けていく効果です。そうなると、既得権益を持っていた人たちがドロップアウトするところから、抵抗勢力※が生まれます。ところが、既得権益を持たなかった人たちのなかには、同じ変化を歓迎する人たちが生まれます。

　ネオリベ政権が始まったのは、もとは自社さ連立の橋本行革政権ですが、この政権が男女共同参画行政を進めました。なぜだろうと思ったら、その理由はすごく簡単です。女に働いてもらいたい。寝た子を起こしてでも働いてもらいたいからです。なぜかというと、日本政府の番狂わせは、子どもがこんなに減っちゃったことです。今でもどんどん減り続けていますね。この少子化のもとでは、近未来に必ずや労働力不足が起きる。けれど外国人を入れるつもりはない。女に働いてほしい、子どもも産んでほしい、それが政財官界のホンネです。今ワークライフバランス※とか言っているのは、一見女に優しい政策に聞こえるけれど、もとはと

抵抗勢力　小泉総理が、自らの政策に反対する党内勢力に対してネガティブな印象を与えるために用いたレッテル。

ワーク・ライフ・バランス　仕事と生活のバランスのこと。労働時間が増えて家庭生活に支障をきたしたり、出産した女性の多くが退職する現状に対して、その打開を模索する試み。日本では二〇〇七年以降、内閣府において取り組まれている。

言えば、女性を労働力にしたいという意図からです。

ネオリベ政権には、女に働いてもらいたいだけではなく、どんな働き方をしてもらいたいか、というねらいがありました。男女共同参画政策を進めたと同じ時期に、労働法制の柔軟化が進みました。つまり、どんどん非正規雇用を増やしたんです。おもしろいのは八〇年代から九〇年代にかけて、男女共同参画政策と、労働の柔軟化とが同時に進行してきたことです。日本では男女雇用機会均等法ができたおかげで、女は総合職にもなれますけども、それはほんの一握りの女性にすぎません。この法律が大多数の女性にとって何の役にも立たないのはなんでかというと、大半の女性にこの法律が適用されないからです。今は女性の三人に二人が非正規雇用ですが、非正規のあなたには、雇用機会均等法はあっても関係ありません、というのが雇用機会均等法というものだからです。なぜなら、同じ条件で雇用された男女の間に差別的処遇があったときに、初めてそれを差別ということができるのが均等法ですから、もともと違う雇用区分で採用されていたら、差別を訴えることもできないからです。

非正規雇用がどれくらい増えたかというと、現在非正規雇用者は、全雇用者の三人に一人。女性は二人に一人以上、男性は五人に一人です。九〇年代の初めには女性の三人に一人だったのが、一〇年経っておよそ三人に二人と倍増しました。

この過程でネオリベの原理が普及し定着しました。ネオリベの原理というのは、公平な競争の下で用意ドンと走って、ゴールで勝者と敗者が生まれるというルールです。覚えておいてください、優勝劣敗の原理というのは、負けた人たちの合意がなければ、決して成り立たないということを。負けた人たちが仕方ないよな、オレたち無能だったから、努力が足りなかったからと、自分の負けに合意しない限り、ネオリベは正統性を持てません。その結果、女性の分解が起きました。既得権を持たなかった、これまでまとめて差別されていた女性のなかから、一部の使える女はどんどん使おう、そうじゃない女は非正規で安上がりの労働力に

なってもらおう。これがネオリベと女性の関係でした。

少子化が変える母と娘

ここで、こういうネオリベ改革に対して若い女性がどのように適応したかを考えてみましょう。

同じ期間に、女性の進学率がものすごく急速に伸びました。昔は息子は四年制大学、娘は短大まで、が常識だったんですが、このところ女の子が短大より四大にいくようになったので、短大業界が大苦戦していますね。それから、これまで女の子は大学に行っても女らしい分野を選んでいたものでした。文学とか芸術とか、役に立たない学問です（笑）。

ところが女子学生の実学志向が増えまして、法学部と医学部に急速に女子学生比率が高まっています。三割を超しました。資格職に対する志向も増えました。女子学生の高学歴化の背景にあるのは、「できる女」

が増えたということではありません。昔から「できる」女は多かったからです（笑）。娘の高学歴化とは、娘に教育投資をする気になった親が増えたことを意味します。この理由はすごく簡単。少子化で子どもが二人までしかいないから。データを見ますと、子どものいる全世帯のうち、一人娘か姉妹しかいない家庭が四割に達します。昔は姉妹しかいなかったら、もうひと頑張り次の子を産んだ。それがまた娘だったら、「またか、じゃあもうひと頑張り」。それで昔は何番目かに男の子が生まれると、ここで打ち止めというので、末っ子長男がたくさんいたのですが、それが激減しました。もうひと頑張りができなくなっちゃったからです。それで、娘の出来がよかったら、娘に教育投資をする親が増えました。今の娘たちの親の世代には性差別がまだ残っていますから、父親は「女の子に学歴なんかいらん」と言うかもしれません。そのときに乗り出すのが母親です。「お父さんはあんなこと言うけどね、大丈夫よ、お母さんが応援するよ。授業料ぐらい出してあげるから」という母親たちが増えてきたのです。

私は、こういう実学志向、キャリア志向の女の子たちを見ると、背後霊のごとく母親の存在を感じます。今日の女子学生の高学歴化は、母娘二世代がかりの達成です。こうして、息子ばかりか娘もまた、母親にとって「作品」になっていきました。

この過程で、息子から娘への選好が高まるという現象が生まれてきました。生涯にたった一人しか子どもを産めないとしたら、息子と娘とどちらがのぞましいかという世論調査の統計があって経年変化をずっと追えるんですが、日本ではこの統計に「娘」と答える人が半分を超えています。八二年に息子から娘に逆転が起きました。これは東アジア圏のなかでは極めて異例なことで、中国は息子大好き、韓国、台湾も息子大好きの社会です。日本人だけが娘のほうがいいと答えている。では娘が選好されるということは、女性の地位が上がったからだろうか？　私は決してそうは思っていません。それどころか、娘はかつてよりも重荷を背負うようになりました。私は今の娘たちは私たちの世代よりも、ある意味もっと重い重荷を背負ってそれにあえいでいる世代だと思っています。

なぜかというと、一つは、昔は娘は「嫁げば他家の人」ですから、よそにやってしまえば、いないものと思うしかありません。それに女に職業機会が少ないので、教育投資をしても回収の効果が期待できない。今の娘たちは回収を期待された投資を受けていますので、この娘たちを私は「女の顔をした息子」と呼んでいます。つまり娘にも息子と同じような成功が期待されるようになりました。

けれども、それだけでは十分ではありません。やっぱり女の子なんだから、女としても成功してもらわなきゃいけない。結婚して、出産して、孫の顔も見せてもらいたい。それに加えて、嫁いだ後も、実家の親の介護負担を逃れることができません。今時の娘は嫁いだ先の舅姑と実家の親のダブルの介護負担を背負っています。信田さよ子※さんという心理カウンセラーの著書に『母が重くてたまらない――墓守娘の嘆き』（春秋

信田さよ子　一九四六―。主にアルコールなどの依存症を専門とする臨床心理士。『依存症』文春新書。『アダルト・チルドレンという物語』文春文庫など。

社、二〇〇九年）という本があります。なんて時代錯誤のタイトルなんだろうと思うのは間違いです。昔の親は娘に墓守を期待しなかった。娘に墓守が期待されるようになったのが、八〇年代以降の少子化の効果なんです。

信田さんと対談した時に、恐ろしい話を聞きました。信田さんのカウンセリングルームには、ちょうど香山さんの診察室のように、この重荷にうめいて現れる娘たちがいます。その娘たちは、この母の投資の成果ですが、それにも成功作と失敗作があります。信田さんのもとには、どちらかと言えば成功作が来るそうです。成功作になった作品を、母親は一生握って手放さない。これこそ私の作品よ、としがみついて放さない。その反対に、失敗作も来るんだそうです。失敗作とは、私はお母さんの期待に応えられなかったと、自傷、自罰に走る娘たちです。

私は信田さんに聞きました、「失敗作だったらどうして母親は娘を手放してくれないの？」と言ったら、「それがね、一生手放さないのよ。

一生涯傍に置いて罵倒し続けるために」。ですから、信田さんのカウンセリングルームに現れない娘たちというのは、失敗作と成功作の中間、中途半端な作品なんでしょうね（笑）。ほとんどの子どもたちは、親にとって成功作でもなく失敗作でもない、中途半端な作品です。でも子どもが親の作品になってしまうなんて不幸ですね。

東大生がワーキングプアになる

ネオリベ改革の過程で、格差ということが問題になってきました。もともと男女格差はあったんですが、その格差の主たる原因は女性の非正規雇用でした。それが女だけの問題ではなくなり、若い男性、しかも高学歴の男にまで広がってきたからです。今私たちは東大生にこう言っています。「今はね、東大生だってワーキングプアになる時代なんだから」と。こういう時代が来て初めて、社会がこれを問題だと言い立てるようになりました。男は自分の足下に問題が押し寄せるまで、それを問題だと捉えない傾向があります。高学歴の男性でもホームレスになる時代がとうとうやって来て、格差がジェンダーを超えた問題になってきたんですね。

こういうなかで、奇妙なねじれが起きてきます。ネオリベ改革のなかで負け組になっていった人たちがいます。先ほど申しましたように、ネオリベ改革というのは、既得権を持っていた人たちに楔を入れて切り崩し、既得権を持たなかった人たちにも楔を入れてこれを二極に分解する効果があります。すると既得権を持てるはずだったのに持ちそびれた人たちが、生まれます。その中のひとり、赤木智弘という人が、「本来日本人の男であるというだけで、女性に対しても外国人に対しても大きな顔ができるはずだったのができなくなった。なぜかというと、女が威張り始めたからだ」と、女性を逆恨みするようになりました。女たちが始まりました。つまり強い女が若い男性を犠牲にして、ネオリベ改革から利益を得ている、と言うんですね。これが、上野がバッシングを受けている理由です（笑）。完全に勘違いなんですけどね。それは、ネオリベ改革という構造的要因のもとで、二極分解を迫られた人々のなかで、負け組になった人たちが、かつてはマイノリティだったのに今は相対的によい思いをしている人たちを攻撃のターゲットにしているという現象です。

　弱者の攻撃というのは、狙いやすいところにいきます。弱者は本当の強者には自分の攻撃を向けません。国会でテロをやる代わりに、秋葉原に行くんです。抵抗しない、傷つけやすい人に向かうというのが弱者の攻撃です。ネオリベの反動として、こういう弱者が弱者を叩くという現象が登場してくるんですが、バックラッシュ※もそのひとつで、女性が随分叩かれました。例えば、少子化の原因は母性の喪失が原因だとか、離婚が増えたのは女がわがままになったからだとか。それからDV防止法※なんてものができたのは、夫のしつけに女が従わなくなったからだ、暴

バックラッシュ　本来は反動、揺り戻しという意味だが、フェミニズム運動やジェンダーフリーに対する、保守反動的な動きをこう呼ぶ。

DV防止法　二〇〇一年に施行された「配偶者からの暴力の防止及び被害者の保護に関する法律」。暴力を振るう加害者に対して、被害者への接近を禁止したり（接近禁止命令）、被害者が転居するまで加害者を一時的に住居から退去させる（退去命令）ことができる。また、加害者は子供にも接近できないようにすること（子に対する接近の禁止命令）ができる。

力を振るうのもしつけのうちだ。こういうさまざまな現象がすべて女の自己主張のせいだ、と。負け組になった男性の被害妄想が女性に向かっています。

たとえば民法七七二条改正問題があります。（現在の民法では）別れた妻は離婚後三〇〇日以内は再婚できない規定になっています。なぜかというと、その間に子どもが生まれたら嫡出推定といって前夫の子どもとして登録されるからです。それがイヤで届け出をしないと、無戸籍児が生まれる原因になっていました。これを解決するための法改正があわや通るかと思ったら、自民党の議員の中から横やりが入りました。これでは結婚内不貞を女に勧めることになる、つまり統制に従わない女は許容できないという理由で潰されてしまったわけですね。

なにもかも女が悪い。女がわがままになったから、女が強すぎるからというのが言い分です。実際にはデータにも出ているように、女性の変化は決して有利な方向へは向かっていません。こういうネオリベ改革から、いったい女性が損をしたか得をしたか考えてみると、答は「イエス&ノー」です。

イエスという面では、確かにライフスタイルの選択肢は多様化しました。結婚してもよいし、しなくてもよい。子どもを産んでもよいし、産まなくてもよい。おひとりさまでもOKになりました。「おひとりさま」にとっては、本当にいい時代がきました（笑）。

ノーというのは、もともと男性のなかに強固にあったネオリベの原理が女性のあいだにも、非常に強く内面化されたことです。とりわけまだ社会に出る前の若い女性たちの間に、「優勝劣敗」の原則、「自己決定・自己責任の原理」が強く内面化されたと、学生を目の前にすると感じます。成功も失敗も自分のせいと、他人を責めるよりも自分を責めるほかない。自分を責めて自傷に走るのですが、自分の傷つけ方はいろいろあります。食べ吐き、リスカことリストカット、引きこもり、対人恐怖。これは異常に多いです。東大の私のゼミにも、こういう学生たちがいます。私はそれを彼らの心の問題とは思いません。その学生のパーソナリティに問題があるからではなく、そういう現象が起きてきたことは社会に原因があるというふうに考えます。

彼らは、敵を外に見つけることができないので、人とつながることが非常に困難です。他人はみんな自分を蹴落とすかもしれない競争相手です。自分を値踏みするかもしれない。弱みにつけこむかもしれない相手なので、人を信頼し、つながることが非常に難しい。我と我が身を責めて引きこもっていくしかないのです。こういうネオリベの社会のなかで、男女の間でも格差が広がっているし、世代の間でも広がっているし、同じ世代のなかでも負け組と勝ち組との間で広がっています。そのなかで勝ち組のあいだにも負け組のあいだにも、不安を抱えた人たちは、年齢を問わず増えていますね。

バランスのよい社会とリスクの再分配

今日は、私は若者向けの話を用意してきたのに、聴衆の方の平均年齢がこんなに高いとは思いませんでした（笑）。でも、高齢者にも不安があります。高齢化とは、誰もが社会的弱者になる可能性があるという社会だからです。誰もが社会的弱者に転落するかもしれないという不安を持っています。身体を壊したり、職を失ったりしたとたんに、滑り台を滑り落ちるように社会的弱者になる不安を抱えています。

こういう不安を解消するにはどうすればいいでしょうか。自己啓発講座に行ったり、心の持ち方を変えたら、この不安は解消するでしょうか？　心の持ち方を変えて不安が解消するなら、こんなラクなことはありません。心を変えたら不安が解消すると言ったのはオウム真理教の麻原さん※です。心の持ち方を変えても救われないとしたら、元々は心の外

オウムの麻原さん　一九五五―。新興宗教団体オウム真理教の教祖（代表）。本名は松本智津夫。九五年に起きた地下鉄サリン事件などの首謀者として死刑判決が確定している。

からきた問題だからでしょう。社会が原因で起きた問題なら、社会の側に解決策を求めればいいではないかというのが、とことん世俗的な社会学者の答です。つまり誰もがいつでも社会的弱者に転落するかもしれない社会では、社会的弱者に安心してなれる社会ができたらいいんです。これが、「リスクの再分配※」というしくみです。

　そのためのシナリオは、存在しないわけではありません。日本の社会はこれまでずっとアメリカを追いかけてきました。ところがリーマンショックで、アメリカのネオリベ社会がどうなったかを目の当たりにまざまざと見たわけですね。アメリカでさえ、市場原理主義が破綻したことを認めざるを得なくなりました。代表的な民間企業のGM※が、もしかしたら国有化されるかもしれないなんてびっくりです。ああいう民間会社が国有化されるようなら、アメリカは共産主義社会だということになりますよ。本当に仰天するような世界的な変化が起きています。アメリカですら、市場原理主義に限界があることを認めざるを得なくなりました。

リスクの再分配　リスク（損害や過労などの可能性）が、ある一定の階層に集中しないように再配分する政策のこと。富（所得）の再分配に代わる、新しい再分配の方法である。

GM　ゼネラルモーターズ。アメリカの三大自動車メーカーの一つ。一九二〇年代に高級志向のデザインでフォードに対抗し、世界最大の自動車メーカーとなった。七〇年代以降、徐々に国内シェアが低下していき、二〇〇九年にはついに経営破綻となり、アメリカ政府が約六割の株式を保有する事実上の国営企業になった。

ところがもう一つヨーロッパモデルというのがあります。ヨーロッパモデルは、市場原理そのものは否定しません。市場を否定はしないが、市場には限界があるから、その限界を別の何かで補おうとします。その際、市場原理とはまったく違うものをよそから持ってくるから、これを「接ぎ木」と呼びます。リスクの再分配というシステムです。この両者は「水と油ぐらい違う」異なる原理です。水と油ぐらい違うものを一緒にすると、政策には一貫性がありません。一貫性がなくていいんです。水と油を混ぜると何ができるかというと、ドレッシングができます。ですからブレンドが絶妙だと、いちばんバランスのよい社会ができる。水に油を加えるという政策をやろうとした接ぎ木路線がヨーロッパモデルというものです。

日本の国民がこの前の選挙で選んだ政権交代は、アメリカモデルからギアチェンジして、ヨーロッパモデルに切り替えようとしたことになるでしょうか？　政策変更がいっこうに進まないためにこれから行く末を見届けなければなりませんが、安心できる社会のためなら負担も重くなることに、多くの日本人は同意しています。各種の意識調査を見ると、「今よりも安心な保障のためなら、今よりも重い負担に応じてもかまわないか？」という問いに、回答者のほぼ六〇パーセントがイエスと答えているんです。ところがバカなことに、鳩山お坊ちゃま政権は四年間絶対に増税はしないと言いきっちゃった。まあ、泉のように湧くお財布を持っている方はそういうことをおっしゃってもよいのかもしれないけど。

　それでもひとつ、ごく近い過去に、国民が負担増に応じた実例があります。リスクの再分配をするためには元手がなくちゃいけない。その元手を自分たちの懐から出しましょうという合意を作ったのが、介護保険※でした。

　医療保険もそうですが、介護保険は、介護の要らない人にとってはすごく不公平でしょ？　健康保険だって、ぴんぴんして病気知らずな人には不公平です。例えば、早くに親を失って苦労して育った人にとっては、

介護保険　高齢化社会における要介護老人の増加に対応するために、二〇〇〇年から実施された介護保険法にもとづく制度。市区町村の認定を受けて、要介護の状態や程度に応じて、在宅サービスあるいは施設サービスの保険給付が受けられる。

介護保険ほど不公平な保険はないですよ。だって、親に支えてもらえなかった代わりに親の介護負担がなくてラッキー、と思っているかもしれないのに、他人の親の介護負担のために四〇歳から保険料をとられるんですからね。だけど、親の介護の負担が重い人と、その負担が軽い人たちとのあいだで、みんながお金を出し合ってリスクを分配しましょうということに、わずか一〇年前に日本で国民的合意が形成されたのです。国民が負担増にイエスと言ったことに、私は信頼と、期待を持っています。

『おひとりさまの老後』（法研、二〇〇七年）を書いた後、私より若い女が私に詰め寄ってきました。「あんたたち団塊の世代はいいよね、年金を食い逃げして死ぬんでしょ。だけど、それから後のロスジェネ世代※はどうなるのよ。おひとりさまの老後のシナリオは、団塊女には通用しても、それから後の世代には通用しないわ。どうしてくれる」と言ってきた若い女が辻元清美さんでした（笑）。なるほど、あなたのいう通り

ロスジェネ世代　ロストジェネレーション（失われた世代）のこと。ここでは就職氷河期に直面した一九七〇年代・八〇年代生まれの団塊ジュニア世代以降の若者を指す。派遣労働やフリーターなど、安定した職につくことのできない人が多い。

だと考えて書いたのが、辻元さんとの共著『世代間連帯』（岩波新書、二〇〇九年）です。

この本の帯に「まだ間に合う。手遅れにならないうちに」とあります。この帯の文句を作ったのは私です。まだまだできることがいっぱいあると思っています。社会は人間がつくったものですから、人間が変えることができます。心を変えたら社会が変わる、んじゃなくて、社会を変えたら心が変わる、社会学者はそう思う人間です。天気予報じゃないんだから、「日本の社会はこれからどうなりますか」ではなく、「どうしたいか」をご一緒に考えていきたいと思います。

私の話はここまでです、ご静聴いただき、ありがとうございました。

第3章

〈シンポジウム〉

生きづらさのゆくえ

下斗米淳（しもとまい・あつし）
1961年東京都生まれ。学習院大学人文科学研究科博士後期課程単位取得退学。博士（文学）。現在、専修大学人間科学部教授。専門は社会心理学・教育心理学（対人関係、集団力学、社会的適応など）。主著は『はんらんする身体』（専修大学出版局）、『自己心理学6：社会心理学へのアプローチ』（金子書房）、「自己の社会心理」（誠信書房）など。

下斗米　香山さん、それから上野さんそれぞれのお立場から、なにゆえこうして生きづらさ、これが蔓延してしまっているのか、こうしたことへの理解の糸口を有力な示唆をもって分析いただき、論及を頂戴したわけです。私たちはそれをふまえた格好で、じゃあ次にいわばどうしたらいいのか？　今後どういう方向に歩いて行ったらいいのか？　生きづらさの再生産、こういうことをさせないために、具体的な方策というものはなかなか見出しにくいところかもしれません。しかしながら、少なくとも、そうしたことに向けて、どんなことを私たちは注意しなくてはならないのか。あるいは目を向けておくべきなのか。こうしたことについて、両先生の議論をふまえた上で、更に議論を先へと進めていきたいと思います。

それぞれ先生方からもご指摘がございましたように、例えば、社会保障上の様々な変化を受けて、そのうえ生きづらさのようなものが出てくる。しかしながら、その生きづらさと言ったときに、ネオリベに代表される自己責任である、自己決定であるというのは、そこに見る自己そのものが、香山さんのお話のように、例えば満たされないとか、あるいはバラバラのままになっているとか、ちょうどこの現象は、社会と心理の問題なんです。この現象には社会と心理とが入れ子のような関係性が密接に張り付いている。その点で、それぞれの立場がございますけれども、ご議論をもう一回、フロアーのみなさんも含めて、共有する意味を込めて、本学の大庭さんと嶋根さんから、それぞれご意見をお話しいただきたいと思います。

無条件の存在承認

大庭　香山さん、上野さんと違いまして、哲学、倫理学という雲をつか

大庭健（おおば・たけし）
1946年埼玉県生まれ。東京大学人文科学研究科博士課程単位取得満期退学。現在、専修大学文学部教授。専門は哲学・倫理学。主な著作は、『所有という神話』（岩波書店）、『責任って何？』（講談社現代新書）、『善と悪―倫理学への招待』（岩波新書）、『私はどうして私なのか』（岩波現代文庫）など。

むような、何の役にも立たないような、社会を遊離した安楽椅子のなかで思弁を巡らせている者です（笑）。

今日お二方からどういうお話があるか全然事前にうかがっていませんでした。ライブで聴きながら、その迫力に圧倒されました。困ったな、もう言うことないなというのが正直な印象です。とりわけ香山さんの場合は診察室の現場からの非常に重たい言葉。上野さんからはありとあらゆるデータから透けて見える、通常の新聞を読んでいるだけでは見えない社会のリアリティ。それぞれのリアリティの重さというのに接しておられる方のお話ですから、哲学者が付け焼き刃でなにか言ったところでレスポンスにならないというのが、まあ正直なところです。

そうはいっても、哲学をやっている人間はどこかひねくれていますから、この生きづらい時代というのがテーマになったときから、ちょっと身体を斜めにしまして、「ほお、それじゃ生きるのが簡単だった時代があるのかね？　生きづらさが重たくなった今？　ほお、それじゃ昔は生きづらさが軽かったのかね?」と、こう茶々を入れたい気もあるんですが、同時に、お二方からうかがったことは私にとっても非常にリアルでありまして。

自分の子ども、あるいは甥姪、ゼミで親しくしていた学生。その付き合いのなかでも非常に重症のうつ、という子はいますし、そのうちの一人には自殺されてしまいまして……というふうなこともございます。他方では近代化、少子化に伴って、子どもへの親の注目、注目という名前の監視、かつ過大な負の重圧というものが、親が気づかないうちにどんどん累積して、その結果、云々というお話は数十年前の私どもの子育てを振り返ってぐさっとくるものがございます。ですから「生きづらいのは今だけじゃないだろう」みたいな格好でふてくされているわけにもいきませんので、多少なりとも、お二人の話を伺いながら感じたことを思いつきでお話しさせていただきたいと思います。二人のお話に共通していたのは、今の特に繊細な若い人たちが、我々から見ると過大とも思われるハードルを自らわが身に課しているということ。その自虐的な姿がいろんなところに現れている。それを非常にシャープにえぐってくださったという印象を持っております。その繊細な若い人たちが、大人から見ると過大と思われるくらいのハードルを課してしまう、そのバックグラウンドになにがあるのか、ということでネオリベ改革という図柄に話がいったわけです。

その間をつなぐ、かつ私自身に身の覚えがなくもない、もうちょっとミクロなレベルに話を戻しますと、「自分がいる」「自分がいていいんだ」という、存在の承認がいつもなにか、なんらかの条件付きになっているという問題です。何々できたら、そうしていていいよ。何々し終わったら何々していいよ。いていいよという存在承認の声が条件付きでしか響いてこない。いつも条件をクリアしていないと、このままいていいのかという不安に追い込まれる。なにかそういうサイコドラマの仕掛けというのが家庭、学校、あるいはクラブ活動、スポーツ少年団云々、子どもたちが育っていくいろんな領域で、条件付きでしか存在が承認されないというシナリオがいろんな格好で張り巡らされている。そのことでいい子であればあるほど、「ねばならぬ」というのを引き受けざるを得ない。そういうふうな悲劇というのが、いろいろ累積しているのかなと思います。

具体的にマクロで捕まえられる形では、まさに市場万能主義、自己決定、自己責任、優勝劣敗のネオリベということになるんだと思うのですが、根はもうちょっと深いというか広く広がっているんじゃないかという印象も持ちました。これは倫理学の人間が上野さんの領域に越境するようですが、大昔から社会システムの枠組みの一つは相互行為の担い手です。システムを構成する行為の主体であるということがいかにして承認されるか？　近代以前の共同体、簡単に言えば村社会では、どこどこに帰属している、簡単に言えば「お前誰？　ああ、何地区の何々の次男坊か、しゃーねーな、あそこのガキは親父の代からやんちゃだから」というふうな格好で、地縁血縁が張り巡らされている、そういう共同体のなかの網の目になっている、というだけですんだ。そいつがなにができるできない、やんちゃするしないということに関わらず、それだけで「お お、そこにお前おったのか」という格好で相互行為の担い手としての存在の承認を与える。集団への帰属、もう少し抽象的にいえば「存在」のレベルで存在の承認を取り付けることができた。

それが共同体が崩壊し、村社会的なつながりがどんどん薄くなると、存在の承認は、何ができましたかという達成になったのですね。大昔の社会システムの用語で言えば、エージェント、行為主体としての存在の基盤が、存在、具体的には集団への帰属から達成へとシフトした。それが近代化であり、村社会から近代社会に変わることになるのだと。で、そうしますと、今我々が巻き込まれているのも、存在承認が取り付けられるステージというのが、存在・帰属という場面から個人的達成へと大きくステージ替えを強いられる、そのドラマを我々は延々と演じ続けている、あるいは巻き込まれているのではないか、というような気がいたします。

わかっちゃいるけど、「あ、言っちゃった。この一言はあの子にとって過重な負担になっちゃったかも」と、寝る前に思い出す。事実子どもにとっては、何気ない一言が「ああ、親は私にやっぱりこれ期待しているんだ」という重圧になる。そういうことを繰り返してきた我々自身が存在承認になると、存在から達成へと大きくシフトさせられるという、そのことに巻き込まれ続けてきたし、これをまた次の世代に今度は自ら再演する、そういうことが積もり積もって今日まできたのかなと。

そうだとすると、上野さんの最後ですけれども、そのアメリカ型のネオリベの破綻は誰の目にも明らかでヨーロッパ型のリスク分担型の再分配、昔の言葉で言うと社民型、そのところでリスクを分担し合う連帯の再構築というふうにおっしゃったことも、私が申し上げたように、非常に深いレベルでずっと進行している存在承認のステージの変換というものに、どっかで喰い込めないと、むしろリスクを分配することへの抵抗が生じるのではないか。

介護保険法がすっと通ったのも、国民が負担を「分かち合おうよ、お互い様だもん」ということで合意ができたのか、別の法案との抱き合わせでどさくさ紛れに通ったのかよくわかりませんが、意地悪に言うと、聞かずにみんなで通っていったという側面も、もしかするとあるかもしれません。そうすると、ここから先は哲学屋の与太話なんですが、リスクの分担というのを抵抗したくなるなにがしかの心の動きみたいなものがあるところで崩れて力を失っていくためには、えらそうに言いますと、無条件の存在承認が要るんじゃないか。つまり何々できたら、そのままにしていていいよじゃなくて、できようができまいが、そのままそうしていいよとお互いに条件を出さずに存在を承認する。そういう無条件の存在承認に碇を下ろすような人の間柄。そういうものをどうやったら模索できるのか、構想できるのか。

例えば、赤ちゃんがぴーぴー夜中に泣く。うるさいと思いながらおむつを替えざるを得ない。そういうとき赤ちゃんのほうは、「うるさいな、こんな夜に泣きやがって」と思っている親を、赤ん坊のほうが無条件に信頼しているんですね。「この親父、今日はストレス溜めてきたな。俺を無視するなきっと。幼児向けDVになるかな」と警戒してもいいんだけど、その赤ん坊はまったく警戒せずに、信頼するわけです。信頼されちゃうと困るわけですね、「おいおい俺みたいなやつ無条件に信頼すると、お前やばいぞ」と。まあ、こういうのはちょっとひねくれてるけど。こんなふうに、無条件に信頼されちゃったよ、やばい、というところから反転しながら、どこかで回路が反転することによって、相互に無条件に存在を承認し合うみたいなそういう人の間を、それぞれの現場、生活のなかでどういうふうに模索していけるのかな、いかなきゃいけないのかな、というふうなことをお二人の話を聞きながらちょっと考えた次第です。

嶋根克己（しまね・かつみ）
1956年愛知県生まれ。中央大学文学研究科博士後期課程単位取得満期退学。現在、専修大学人間科学部教授。専門は社会学（文化・社会意識）。主な著作は『非日常を生み出す文化装置』（北樹出版）、『高齢社会と生活の質』（専修大学出版局）、『Qaund la vie s'allonge』（Harmattan）、『死の社会学』（共著、岩波書店）など。

下斗米　それでは、嶋根さんのほうからもお話をいただいて、あとから両先生のお話を聞きましょう。

豊かさゆえの生きづらさ

嶋根　今日はいくつか仕掛けがございます。今日のこの席の並びがそうなんですけれども、実は香山さんと下斗米さんは「こころ」を扱う領域で仕事をされているので、聴衆から向かって左は「心理学領域」。その反対は上野さんと嶋根が座って社会学的なアプローチをします。で真ん中を大庭さんの哲学や倫理学の立場から両サイドを取り持ってもらおうという配慮でした。

そもそも　今日のシンポジウムは、人間科学部という新しい学部をつくる記念イベントという意味合いもあります。人間科学部は、人間を対象とするのですから、それをどのように見るのかといったときに、人間を「内側」と「外側」から見る。つまり、「こころ」と「社会」から見るというコンセプトで人間科学部の理念は出発しました。そういう意味でも、上野さんが心配されたように、どうやったらこの二つのテリトリーが喧嘩別れをしないで、一つ屋根の下で仲良くやっていけるのか、そのような展望を開きたいと考えて、席の配置を決めました。

さて、お二方からの大変おもしろいお話をありがとうございました。それにどうやってコメントを付けられるか、本当に必死になって考えているところです。

香山さんのお話から、「境界性パーソナリティ障害」ということを軸にしながら、今の若者がものすごく大きなプレッシャーのなかで、だけどもある種の希望と期待を持ちながら、生きようとしている。これが苦しさの源泉になっていると、私は受け止めました。最初から自己実現のプレッシャーを持たずに、全部捨ててしまえば、こんなに苦しむこともないかもしれません。プレッシャーがなければ、ここまで苦しくないのかもしれない。あるいは、自己実現をそう簡単に許さないような社会状況があるから、きっと彼らが苦しんでいるのではないかと思います。そういう意味では、香山さんが言うように、心のなかのスプリッティングというのは、実は経済的なスプリッティング、あるいは現実社会のスプリッティングと関わっているという指摘は非常におもしろいと思いました。そこで、さきほどの内面と社会がシンクロした結果だろうというお話。まさにここにこそ心理学と社会学が共同して考えていかなければいけない問題があるのではないかと思っております。

ですから、私も香山さんの問題意識、つまり若い人たちが抱えている問題について、非常に共感するところがあり、自分が抱えている学生を見ても、似たような状況が起こっていると思います。香山さんが別のところで、『なぜ日本人は劣化したのか』と著書のなかで言っていますが、劣化しているのは別に若い人だけじゃない、我々大人も含めて、中年の人も、日本人の読み書きの能力、発信する能力がみんな劣化しているというようなことを説明されています。そこには、スプリッティングとはまた別のロジックがあるわけですが、日本人が「劣化しているかどうか」につきましては、私はペンディングとさせていただきます。大庭さんが言ったように、人間が生きやすかった社会なんて本当にあったのか、というのと同じように、ある部分だけを比べて、劣化している、劣化していないとは言いにくいと思います。しかし、確かに私たちのなかで、ある部分の能力が少なくなっている現実はある。物事に耐えることに弱くなっている。そういう現実は確かにあると思います。

そういう全体を覆っている現実、弱くなっている部分というのはいったいどこから生まれてきたのか。私には今のところまだ、コレという答がなく、むしろ今日勉強させていただきたいと思って、ここにきたわけなんです。ただ一つこんなことが浮かんでいます。こうした考えについて、お二人がどういうふうに考えるかあとで教えていただきたいんですけれども、それは若い人も中年のいい大人も、年を取った人も、みんな年を取りたくないというか、老化したくないというか、老いたくないといいますか……。年を取ること、あるいは成熟することをみんな恐れているような気がするんです。高校生同士の会話を聞くと、同じ高校生同士が「一コ（学年）下、二コ（学年）下のやつらは若くて、もうわかんねえ」とか言う（笑）。大学生はもちろん、高校生のことは学年が少し違うだけでもうわからない。お互いにわかりあおうとしない。ですから大人たちも、「最近の若い人たちはわからない」というのは昔から言われてきたことですけれども、どうも世代感覚というのが大きくなってきてる。

またそれと平行して一つひとつ年を取っていく、成熟をしていくということに対して、非常に強い拒否反応、拒絶感があるような気がします。妻が見聞きした事例ですが、若い娘が二人いたので、よくよく話を聞いていると、実は親子だった、と。つまり、娘さんと母親がおそろいの服を着ている。母親があまりに若作りをしているのを見て考えちゃったなというんです。でも、それは別に女性だけでなく、男性も必要以上に自分を若く見せようとしたり、老いることに対して抵抗しようとしたりする。

学生を見てみてもあまり大人言葉を使いたがらない、大人的な物腰をするのではなく、子どもじみた格好をしたほうが「カッコイイ、」というような雰囲気があるように感じます。以前、「ピーターパン症候群」という言葉がありましたが、「大人になりたくない症候群」あるいは「妖精化」という現象が進んでいると思います。ピーターパンやティンカーベルは、いつまでたっても大人にならない妖精でした。そういうふうに、いつまでも大人にならない、なりたくない、社会全般における「妖精化」というものが現代の社会で進んでいるというような気がいたします。

さて、もう一つの方向にいきたいと思います。私と上野さん、一応社会学者でテリトリーが似ております。今日の話のなかで、すべては九〇

ベルリンの壁　一九六一年〜八九年までベルリンに存在した、東西冷戦を象徴する壁。東ドイツ政府が、住民が西ベルリン（西ドイツ）へ逃亡するのを防ぐために建設した。

年代から始まったという話が上野さんのなかにありました。私もそれはずっと感じていました。ポスト冷戦という話がありましたけれども、今年はベルリンの壁※が崩れてちょうど二〇年。あの頃から社会がものすごく大きく変わってきたということを感じておりました。

それはネオリベという言葉で、そのネオリベを日本に適用して、日本の社会がどのように市場万能主義、規制緩和を経て、市場万能主義にいったのか、そして八〇年代から九〇年代のレーガン、サッチャーを受けて、小泉改革につながっていったのかと、そういうことだったのかとよくわかりました。そのことが、ある意味で既得権益層と非既得権益層の両方を分解している、かなり大きくそれまでの社会構造が崩れていく、この話もなるほどなと思いました。これまでの私たちが古くから知っている議論で言えば、中間階級というのは上か下のどちらかだけに分かれ、どちらかというと下に没落するほうが多くて、ごく一部の資本家だけが生き残って、多くは労働者に落ちぶれる。だから革命は起こるというふうにマルクスは言いました。しかし現在は、既得権益層も分解し、非既得権益層も分解していく。そこで、見えづらい動きのなかで構造変革が起こっていて、そのなかで女性のその立場というのも、否応なく巻き込まれているという話は大変面白く聞かせていただきました。

今日は、専修大学の理事の方もいらしていますが、女子への投資を親が重要視しているという話を聞いて、その方たちはきっと「そうか、これからは女性をターゲットに大学作っていかなきゃいけないな」なんて改めて認識されたのではないかと（笑）。そして女性、とくに娘に教育投資するということが、将来の回収が期待できる投資だという話もとっても面白かったですね。しかし、そのことが逆に女性たちを苦しめているというのは、それだけの投資をしてもらって、それだけの社会的達成をしたんだったら、我々の面倒や様々な家事労働から解放されるのかというと、決してそうではない。なおかつ女性であることを要求されるというような厳しい状況というのが深く良くわかりました。

最後の上野さんの結論は社会連帯を通して新しい社会保障を作っていくということで、新しい人間関係を作ることで、どんどんどんどん壊れていった人間関係を多分担保することだと思うんです。大事なことをお話しすることを忘れていましたが、それは例えば、上野さん自身の経験から言って、老後、シングルの人がどうなっていくのかという、老後の問題をすごく考えていらっしゃるんですね。あの『おひとりさまの老後』という本がすごく面白いところは、夫婦でいるから、あるいは子どもがいるから自分の老後は大丈夫だというのは大間違いなんだよというのを教えてくれたという点です。子どもを生んで育てても、子どもはやがて出て行く、そしてどんなに仲のよいおしどり夫婦でも、やがてどちらかが死んでいく、そして最後には残されたほうが「おひとりさまの老後」を生きていかなければいけない、というのは私も大変、身をつまされました。

そこで私は質問があるのですが、そこを乗り越えていく時に、上野さ

孤族　近代化によって家族の形態は大きく変化したが、もはや大家族でも核家族でも夫婦家族でもなく、家族を形成せずに一人で暮らす人たち。

んの場合には自分で新しい人間関係を作っていってそれを乗り越える可能性を示しているわけです。つまり、もう家族は期待できない。なぜなら家族は崩壊して「孤族※」になってしまったから。もうそれは族という言葉が意味をなさない。要するに、個々人だけで生きていかなければならない、そういう社会に日本はなったわけです。

けれども、こうした状況に対して個人的な実践や、社会的な政策はどのようなオルターナティブを示しうるのか。どうすればブレイクスルーが可能なのか、というようなところがもうちょっと詳しく聞いてみたいと思います。

最終的には、私たちがこのシンポジウムを設定した本来の意図でもあるんですけれども、なぜ、日本は豊かな先進国になった「のに」生きづらいのか。それともここまで来てしまった「から」生きづらいのか。果たしてどっちなんでしょうね。多分、こんなに豊かになっている、食べるものもあふれていて、そして生活にも困っていないのに、なぜ生きづらいのかというのがごく素朴な疑問だと思う。でも、多分われわれが直面しているのは、ここまで豊かになってきたから、先進社会になってきたから生まれている生きづらさだと私は思います。もしそうだとしたら、その問題は時間がたてば、社会がどんどん構造が変わっていく、産業が変わっていく、それに対応する人間の生き方がまず十分対応できたら、社会的なタイムラグがあるから生きづらいという現象が生まれているのか？　それとも、解決はしない、むしろ時間が経てば経つほど、この現象がどんどん進んでいくような新しい問題を抱えてしまっているのか？おそらく答は後者です。

そして、先ほどの大人になりたくない症候群もそうですし、人間関係が変わっていく理由の一つは、忘れてはならないのは高齢化です。ほんの六〇年ぐらい前、戦後すぐまでは日本人の平均寿命が確か四五歳ぐらいだったと思います。それが三〇、四〇年で一気に三〇年以上延びた。私はあるモンゴルからの留学生と話をしたんです。その留学生が大学院に行くかどうか悩んでいたときに「行ってみたら？　二、三年のことだから、いいじゃない。それで学位がとれるなら」と言ったら、彼女はこう言ったんです。「モンゴルの平均寿命はいくつだか知っていますか？　四五歳とか五〇歳です。ですから、三〇、四〇を過ぎて学位を取って帰っても、私たち仕事ができないです」と。平均年齢といっても、生き残った人はもっと生きるんです。でも、そういう世界に生きていると、つまり平均年齢が低いところにいると、人は早く大人になる。早く成熟して、早く子どもを産んで、早く死ななきゃならない。ある本に書きましたが、八十数歳で亡くなる親のお葬式をすると、子どももしかすると定年を過ぎているかもしれない。老老介護※の果てに、定年後に親の葬式の世話もしなきゃいけない。葬式が地味になってくるのは当たり前です。そういう大きな変動に見舞われている社会とこころの行く末について考えさせられました。

老老介護　高齢化社会の進展によって、高齢者介護を高齢者が行うようになる。高齢の夫婦同士が介護しあう場合や、百歳に近い親を七〇～八〇歳の子供が面倒をみる場合などがあり、社会問題化している。

下斗米　それでは、香山さんのほうから、お二人に対するコメント、あるいは上野さんに対して、お話をいただいて何かありましたら、併せてお話しください。

危険な達成の可視化

香山　先ほどの上野さんのお話は、人間の心の問題を心の外側の部分から考えるという立場からのお話でした。上野さんのお話のなかにも、私は一つ人間の内面の側にはっきりと踏み込むご発言として、ネオリベの内面化というお話があったと思うんです。これは、逆に考えれば、今日はたまたまボーダーラインパーソナリティ障害、境界性パーソナリティ障害のスプリッティングという話を軸にしましたけども、ほかにもパーソナリティ障害には、自己愛性パーソナリティ※とか演技性パーソナリティ※とかいろいろありまして、これもすべて一九八〇年の診断基準で採用

自己愛性パーソナリティ障害　ありのままの自分を愛せず、自分は優秀で特別な存在でなければならないと思い込む人格障害。自己の内的規範が過度に歪み、かつ薄弱であるため精神病的に扱われることがある。

演技性パーソナリティ障害　日常生活で役者のように演技をするため、自分が注目の的にならなければストレスとなり、自己破壊的な行動や、挑発的行動を取ったりすること。

された新しい概念なんです。こういったパーソナリティ障害というのは、その当時は非常にごく一部の、特殊なと言われる人たちの振る舞い、考え方といったものが、ある意味、外延化したものがネオリベだったのかなというふうな感想を持ちました。細かくは申しませんが、スプリッティングなんかまさにその一つなんじゃないかなと思うんです。もしもこれが、本当にネオリベの内面化が、自傷行為とかいろんな摂食障害であり、また同時に私が話したような、当時は一部の人たちにしか見られなかったような心の病理が、非常に広くいろんな人たちにいきわたる。いわゆるその人たちは、八〇年代には炭鉱のカナリア的な役割を果たしたわけですね。その人の心の部位にいきわたるだけじゃなくて、それが外延化して、一つの新自由主義、イデオロギーにまで拡張された。もちろん、どちらが先かなんてわかりませんよ。だとしたら、これは非常に根の深い問題ですよ、大庭さんがおっしゃったような根の深い問題。単純なある時代のイデオロギーとか、経済、市場原理主義という経済だった

わけですけれども、そういった経済や政治の世界の一過性のちょっとした「こういう時代だった」という話ではなさそうだな、というようなことを思いました。

二〇〇九年の夏は、日本、世界にとって大きな年でした。それは、政権交代が大きい。その前にオバマさんが当選し、オバマさんがアメリカの単独主義というのは終わったという発言をし、世界はこれから協調の時代だとおっしゃいましたよね。日本でも政権交代がおき、鳩山さんが「友愛」という言葉をおっしゃった。こういった、ある種の理想主義的発言というのは、これまでだったら、おそらく多くの人たちは「なに言ってんだ」「そんなきれいごと言ったってうまくいかないよ」というふうに鼻白む思いで聞いていたであろう発言が、オバマさん、鳩山さんの発言に対して、「ああ確かにそうだな。いいこと言ってるじゃないか」とか「そうしなきゃ始まらないよね」みたいな感じに、世の中の雰囲気が、明らかに日本だけじゃなく世界で変わってきたのではないか。

個人的にも、政権交代して間もない頃に、みなさんもご存知だと思いますが『朝まで生テレビ』という番組に出演したんですけれども、私が呼ばれるときは、いわゆるちょっと左の代表みたいな役割で呼ばれるんです。で、いつものように田原さんに「で、どう思う? 自衛隊は違憲だと思う?」とか言われて、「それは違憲です」、あるいは「弱い人たちを救うような政治が必要です」とか言うと、今までは決まって、自民党議員の方やいわゆる保守的な論客と言われる人たちから一斉攻撃ですよ。「なにきれいごと言ってるんだ。理想主義者め」と。理想主義とか平和主義が侮蔑語なんです、この場合は。「この平和主義者め」とか言われて、いつの間に平和主義というのがそんなに悪い言葉になったのかはわからないんですけれども。で、強く罵られる。「発言の途中から入ってきて、弱者の味方ばっかりしやがる」みたいに言われて。

ところがですね、今回は明らかに空気が変わっていて、「これからは弱い人たちの声も聞いていただいて」なんていうと、これまで本当に声高に言ってた評論家とか、自民党の政治家たちも「そう、そう」みたいな感じでね。そんなに人間変わるのか？　ってね。でも、もしこれが番組による演技だったとしても、変わるわけですよ、見ていて。本当にこれから変わっていくんじゃないかと、楽観的な気持ちを今年は持っていたんです。ところが今、大庭さんの話を聞いているうちにだんだん悲観的な気持ちになってきて。例えば、社会システムのなかで、自己承認の手段というところが集団の帰属そのものから、だんだん個人の達成という自己実現の達成に変わってきた。それもいま立ちゆかなくなってきて。大庭さんはそこで無条件の承認というものにいくのではないかと指摘されました。あるいは上野さんも、ネオリベに行き詰まってやっぱり社会的連帯とかにいくしかないし、いってほしい、あるいはいくんじゃないかという話をされていました。けれども、先ほどから言っているように、それがもしもっと根が深いものだったら、そんなに簡単にというのはないですよね。

ここで本当に私たちは簡単に変わることができるのか？　そんなに楽観視してはやっぱりいけないんじゃないかという気がしてきた。というのは、達成がうまくいかない、承認欲求が満たされない、なかなか自己実現とか成果がうまくいかないことになってきた今日、世の中でさらに先鋭的な人たちが出てきて、今だからこそ儲けよう、投資してお金を増やそうというような価値観に若い人が走っていって……。達成というもののの可視化ですよね。お金、年収とか。あるいは女性が婚活とかいって、とにかく少しでも収入の高い男を……みたいにね、それもやはり達成の可視化ですよね。優しい人とか、わかってくれる人とかって今まで言ってたのが、やっぱり金がある人。三高といわれていた時代よりさらにシビアに、身長もどうでもいい、金だけあればいいみたいなね。達成の基準の単純化とか可視化が起きている。

去年は秋葉原事件、それに最近だったら婚活詐欺みたいなね。あれも非常に考えさせられる事件ですよね。容疑者は、詐欺だけなのか不審死にも関わっているのかまだはっきりしていませんが、おそらく不審死にも関わっているのではないか。あの人が作っているブログ、ワイドショーなんかでも少しずつやっていて、ご覧になった人もいると思いますが、非常によくできている。絵に描いたセレブ生活。今日本で考えられるような、成功した女性の非常に上質な生活ぶりを余すところなく、破綻なく、なにを食べて、こういうスクールに行って、ペットを飼って、命への慈しみも忘れない。人を殺しておいて、命を慈しむ。だけど、ブログのなかではまったく破綻がないわけです。彼女はそういうことを実現して、いわゆるブログのアクセス数を上げる、これでおそらく彼女はいわゆる達成、アクセス数なんていう、まさに可視化された達成をしている。そこで何千人の人がそのブログをうらやましいとか、参考になる、と見てくれる。その可視化された達成のためには、人を殺そうが、現実のなかではなにをしてもしょうがないというか、そっちは彼女にとってはリアリティがなかったと思う。これは憶測というか、推測なんですけれども。

　最後のネオリベのある種の完成形みたいにして、お金のある男をゲットとか、年収を十倍にとか、ブログのアクセス数を上げるとかいった、その動きが若い人のなかで高まっている。これは自己実現とか自分らしさとか、どこにあるかわからない雲を掴むような、そんな甘っちょろいものは意味がない。それよりはお金いくら、アクセス数三万五千とか、そういった可視化された評価での達成を最後のあがきみたいなものとして、そっちに殺到してしまう。そのためには今回の事件が一つの象徴だとすれば、人を殺そうがほかの人を蹴落とそうが何をしようがいいんだという、そっちに一気にいってしまう危険性も排除できない。そこで本当に人間がヒューマニズムだとか、お互いの表現の自己承認だとか社会的な問題だとか、そっちにいってほしいと、私も思いますよ。いきそうな気もします。でもね、まだここは気を許せない。このネオリベ恐るべしと、上野さんのお話や、大庭さんのコメントを聞きながら、今日はひしひしと感じ、これはちょっと危険だなと思いました。

根の深い少子化問題

上野　大庭さんと嶋根さんの話を聞きながら、哲学者というのは哲学者らしく話し、社会学者というのは社会学者らしく話すということがよくわかりました。その違いのあらわれは、哲学者はふまじめで、社会学者はまじめだということです（笑）。大庭さんの話は噺家の名落語を聞くようで、とても楽しかったです。

生きづらいのは今だけじゃないのはまったくその通りで、その原因を内に求めるか外に求めるか、外に求める時代は過去になったということですが、それがもっと根が深いと言われると確かにそうなんです。ネオリベのもとはネオリベラリズム。ネオがつかなきゃリベラリズム、近代の思想です。根が深いのは当り前なんですが、そんなに根の深い病理を克服するためにはどうすればいいか。その処方箋に「無条件の存在承認」を出して来られるところに、おお、倫理学者じゃのう……と思いました。社会学者はこのような理想主義には決して走りません（笑）。

なぜかというと、無条件の存在承認などこの世にないからです。それがあるのは、少女マンガの世界です。少女マンガのメッセージは、「ありのままのキミでいいんだよ」「どじなキミがそのまんまで好き」。だから女の子たちは、少女マンガがあれほど好きなんです。さもなければオウム真理教の世界に行くしかない。フェミニズムは私を救ってくれなかったと言ってオウム信者になった女性がいます。それはあたりまえのこと。あなたを無条件にありのままに承認してくれる人は、この世に神様しかいない。だからそういう人は、麻原さんのところに行ってもらうしかないんです。安全や信頼のために「無条件の存在承認」なんて、なくてもええやないか、というのが私の考えです。

秋葉原無差別殺傷事件の犯人、K君がいますね。この前『ロスジェネ』という若者たちが作っている雑誌を編集している女性と対談したら、彼女は「秋葉原のK君みたいな人を救ってあげたい」と言うんです。どうやって救ってあげるんだろうと思って聞いたら、「一緒にご飯食べてあげる」って言うんです。「えっ、じゃあ、もしK君がセックスしてくれっていったらどうする?」って聞いたら、「いや、そこまではやらない」と。「じゃあ、一緒にご飯食べるといっても、週に一回ならいいけど、週に六回来られたらどうする?」と言ったら、やっぱり困りますね。だから、無条件の承認なんていらないんです。「そこそこ、ほどほど」の承認さえあればいいので、「一緒にご飯食べてあげるけど、週に一回はいいけど、毎日は来ないでね」って言えばいいんです。

私の『おひとりさまの老後』のメッセージは、「おひとりさまを支えるのは、金持ちより人持ち」というものです。一人の深い親友や、たった一人の配偶者がなくても、十人のゆる友がいればよい。内面なんか理解してもらわなくたっていい。それよりも、週に何回か一緒にご飯を食

べてくれる人が何人かいる。それだけでも随分違いますね。そういう仕組みを作っていくのはそんなに大層なことじゃない。原因の根は深くても、それを克服するためのプラクティカルな手段は、実はいっぱいある。
そのプラクティカルな手段の一つに介護保険があります。哲学者ってするどいなって思ったのは、大庭さんの直感は当たっています。介護保険は間違って、不純な動機からできたんです。医療保険の財政破綻を糊塗するという不純な動機でできたけれど、できてしまったら、結果オーライならええやないか。これがそこそこ、ほどほどを考える社会学者の態度です。
嶋根さんは、今の若者たちが劣化してきている、弱くなっている、ストレス耐性がなくなった、原因はわからない、とおっしゃった。私には、原因ははっきりわかります。少子化です。少子化の結果の幼児化。幼生化ともいいますが、それが原因です。香山さんのおっしゃった、低い自己肯定感と、高い自己実現欲求の組み合わせ。別の言い方をすると、無力感と全能感の組み合わせ、これこそは幼児性の特徴です。幼児的で成熟しないままの人たちが、いま大人になっちゃった。

倫理学者だったらその次の課題として、人間の成熟が課題だと言うかもしれませんね。成熟なんてできないです、しなくていいです。私たちの創り上げてきた文明社会というのは、人間が成熟しなくても生きていける社会です。交渉能力を持たなくても買物ができる社会。口を利かなくてもショッピングができる仕組み、顔を合わせなくても交換ができるシステムを作ってきた。それが文明というものです。コンビニに行けば、交渉能力がなくても買物ができるし、交渉能力がないからといって、高いものをつかまされたりしない。コンビニのおかげで生きている人たちがたくさんいるんだから、それはそれでいい。成熟への拒否というが、裏返せば、成熟しなくても生きていける社会を作ったのが文明というものの証でした。この反応は予想外でした？　大庭さんが後でどう切り返してくださるか楽しみです。

ただ、問題は、子どものままでも生きていけるが、子どものままで老いさらばえること。人生八〇年時代。統計を見ると女性の四人に三人、男性の二人に一人は八〇歳を越しますよ。ここにいるみなさんは、お丈夫そうですから、確実に八〇歳を越すと覚悟しておいてください（笑）。そうすると、幼児的なまま、「じじい、ばばあ」になる。幼児的なまま、要介護になります。いいんです。それでオーケーな社会を作ればいいんです。年齢にかかわらず、人が幼児的なまま支えられる仕組みを作る。そのために社会連帯が必要です。社会連帯といっても、たいそうなことを言ってるわけじゃないんです。どの程度の社会連帯なのか、目の前にいる赤の他人を無条件で受容するのはキリストだけです。この人に、週一回はご飯食べさせてあげるけど、居着かれたら困るとか、消費税が、五パーセントから一〇パーセントになるのはいいけど、一五パーセントになるのはかなわないとか。こういう、そこそこほどほどのバランスの問題ですね。それなら、限りある人間の知恵と工夫でできることだと考えます。これが理想主義というものを持たない、あくまでもリアリストの社会学者の答です。

香山さんのご発言は、社会学者の言ったことを逆手にとって、完全逆転なさいましたね。さすが精神科医。社会学者がネオリベ原理の内面化といって心理を語るんなら、そういうパーソナリティが外延化してるのがネオリベ社会じゃないかと言われたら、反論しようがない。どちらが鶏でどちらが卵か、証明できないこういう大胆な推論を言ってしまうのが、香山さんのすごいところですね。

香山さんに一つ、精神科医として診断してほしいことがあるんですね。先ほど婚活詐欺の女性がネオリベの究極だとおっしゃっていましたね。すべての人が承認を与えるセレブ・ライフにもっとも効率よく到達するには、努力なんかしなくても、手っ取り早くバーチャルリアリティを作ればいい。そのバーチャルリアリティに到達するために、他人を道具にする。努力して何かを達成してお金を儲けるより、他人のお金をうまくくすねればオーケー。すごく効率がいいから、究極のネオリベといわれたらまったくそのとおりなんですけれども。

先ほどから大庭さんも嶋根さんも繰り返しておられるけれども、ネオリベの競争原理は、今の社会の達成目標の高さ、ハードルの高さ、プレッシャーの強さ、こうならねばならんというハードルの高さと関わっています。この高い要求水準と、自己の無力な現実との間の、目のくらむような落差にうちひしがれている。この人たちがうつになるんですね。

香山さんとか私はうつにならないと思う。どうしてかというと、自我理想があまり高くないからです。反対に、自己の獲得目標が高い、自我理想が高い人は、現在の自分を許すことができないんです。勝間さんは大変だよね、本当に（笑）。努力しないわが身を常に責め続けなければならない、努力しない自分を許せない。ところが私はあまりうつになったこともないし、ならないと予想しているんですが、死ぬまでにはどうなるかわからないですけれども、そう予想する根拠があります。なぜかというと、私は自我理想が高くないから。一番大きい理由は、私は「でもしか教師」、「でもしか社会学者」、「でもしか東大教授」だからです。間違ってなっちゃったんですよ。香山さんもいろんなところで、自分は「でもしか精神科医」だと書いていらっしゃる。ですから、今日は私たちは、対立ではなく協調路線ですね。「でもしか教師」「でもしか精神科医」というのは、こうあらねばならぬという条件に、自分が適合していると、はなから思っていないんですね。私のようなものでも、そこそこほどほどやっていられればいいじゃないかという、許容水準が極めて低い。こういう人はめったにうつになることはなかろうと予想しているのですが、できれば精神科医がその通りだと言ってくれると安心できます。

香山　まあ、とりあえず脳の領域として受け止めてはいますが、うつになったこともあります。けれども、そこで神経症的な葛藤からくるうつにはなりづらいですね……。

上野　ここにもうひとりいらしているのは、社会学と心理学のブリッジ、社会心理学者の下斗米さんですね。下斗米さんにも、バトルに参加していただきたいですね。

存在承認の動機づけ

下斗米　司会者として、いくつか実は考えさせられるところがありまして、一つ大庭先生のお話から出たことに直接関わるかと思うのですが、多分達成というものが非常に求められる、その達成の中身と、受容される、認めてもらう中身とが少し区別されなければいけないのではないかと思うわけです。例えば、私たちが、どのように自分らしさを統合して考えるのかというとき、おそらくは自分の所属するカテゴリー、それは階層であっても、会社や学校であってもいいと思うんです、その一員だということが一つあるでしょう。ただここで問題になるのは、「専修大学生です」と自分を紹介する時、まぎれもなく専修大学というカテゴリーのなかのメンバーシップ、と言っているわけですが、それだけではいけないわけであって。「あ、専修大学生なんですか」と、周りの人がそのカテゴリーを了解できることがまず非常に重要なポイントになるはずなんです。今でこそ当り前に見られますが、男性が家庭に入って、育児とか家事とか主夫をやっていると言ったとき、昔は「何それ?」と反応された。その時、自分自身に対する戸惑いだとか迷いとか、自分とはなんなのか、こういう問いかけが出てきても、それは至極当然だろうと思うんですね。

そしてもう一つ、幸いにあるカテゴリーにアイデンティファイできたとしても、その次の問題が考えられるはずです。例えば、専修大学生が専修大学のメンバーだと言ったときに、専修大学って夜間の方々も含めると二万人近く学生さんがいるんですね。そのなかで、ほかの人たちより自分がうんと優れているとか、あるいはとても遊びが上手だとか、そういう優劣を含めた異質な点を捉えた時に初めて本当の自分というものが、自分自身で了解できることになるはずです。つまり、何を申し上げたいかというと、どうしても社会、家族とか会社員といったとき、会社員としての社会組織が厳然とあるということを念頭に置いた上で、私たちはそれをいわば表現するわけです。しかし、会社というものが本当にリアリティのあるものとしてあるかというと、キツイ言い方になるかもしれないけれども、幻想体系そのものだろうと。ですから、はなからそういうふうに、リアリティを失うようなカテゴリーのなかに、私たちは自分自身を位置づけ、なおかつそのなかで、他の人とどう違っているかを見つけていくという、二重の苦しみを本来抱えながら生きているのではないかと。まず、そうしたところで、社会的なカテゴリーがどうなっているのか、あるいはそこに達成感がどういうレベルで機能しているのかを考えてみたい。お話をうかがいながら、そういうことを考えていました。もし先生方のほうで、何かございましたら、是非いただきたいです。

大庭　上野さんから上野節でうっちゃりをくらいましたが、このことで一言でやっぱり、同じことを別の言い方で蒸し返したいなと……。やはり無条件の存在承認なんていう大それた台詞を、あたかも実現可能であるかのように臆面もなく語るとすれば、これは第二、第三の麻原になるしかない。これは到底人のなし得るところではありません。それは上野さんが強調してくださった通りです。

にも関わらず、それは我々の辞書から消去していい、空虚な概念、言葉であるかとなると、そうではないだろうと思います。必要なのは、そこそこぼちぼちの部分的な相互承認でそれだけで十分なんだと、その通りだろう。でも、そこそこぼちぼちの相互承認を恒常的に築いていくためにも、足を引っ張るものがある。

これは手柄でもなんでもないんですが、たとえば学生が話があるといってやってくる。ゼミがつまんないというところから始まって、色々グズグズ言うんだけど、この商売を三十何年やってますと、彼女はどういう思考回路に入っていて、どういう言葉を求めているのかが大体わかります。でも、彼女が求めている言葉を「そのとおりだよ」と言ったら、絶対に現状は変わらない。かといって「そんなこと考えているのはあんた一人じゃないよ、あんた一人だけ大変な問題を抱えているようにグズグズ言うな、他の人だってそうだよ」と言ったら、次からはゼミどころか学校に来なくなる。そうすると、「やばい、明日の準備できてない、出版社からの締め切り来てる……」と思いながら、三〇分、一時間……やっぱりそう簡単に打ち切れない世界があると、貴重な時間を割かざるを得なくなる。そういうときに、それを可能にしてくれているのは何だろう。たとえば、無条件の存在承認という概念ではないか。これは、キザな言い方をすれば、一つは否定的ユートピア※。ユートピアなんだけど、

否定的ユートピア　ユートピア（理想郷）の語源は「どこにもない場所」。つまり理想を思い浮かべることは、現実にはどこにもないものを肯定することであり、現実を批判的に見ることでもある。逆に理想がなくても、現実を常に批判的に見続けて、いずれユートピアに至ることもある。このような発想を否定的ユートピアという。

実現できっこない。だけど、それが実現できていないことって、なにかおかしくない？　という格好で、現状にノンをつきつけてくる源としてのみ機能するユートピア。そういう否定的ユートピアとしての使い勝手のある概念だ、ということです。

もう一つは、否定的ユートピアというのが、否定という格好でも、グサっと戻ってくる時には、ユートピアのつかの間の映し、影みたいなものというのが、我々のリアリティのなかにあるんじゃないか。先ほど申し上げました、ストレスだらけの成熟してない父親を無条件に信頼している赤ん坊のおむつを替えたとき、「信頼されちゃってるぜ、おい」というような格好で、なんか無条件という言葉が、少なくとも否定的ユートピアからのメッセージとしては有効性をもつような。そういう格好で、つかの間だけれども、我々のぐちゃぐちゃ、グズグズな現実に届く一つのメッセージとして機能するのではないか。そういう二重三重の限定をつけたうえで、大それた言葉ですよ、無条件の存在証明なんて、でもそのなかでなおかつ使い勝手のある概念なのではないかと、そういうことです。

下斗米　香山さん、ご自分のケース（患者さん）のなかで、無条件の承認とかを求めている方はいますか？

香山　いますね。非常に単純なんですが、女性だと、結婚すると無条件の承認を得られるのではないかと。高学歴とか高キャリアで、学力とか仕事の上で承認されても満たされないという人たちのなかに、逆にいる。とぼとぼと一人で歩いていたら、ファミレスで家族が楽しそうにご飯を食べているのが見えた。自分はこんなに頑張って結果を出しているのに、まあいいだろうとかいわれて承認してもらえないと、あそこの家族のなかにはなにをしても許される承認があるんじゃないかと思ってしまって、すごく結婚に幻想を抱いてしまうとかね。でも、結婚してみると「違った」って。しかも、承認されたいというだけだから、夫のことは承認してないわけですね。

そういう人たちが、社会がシステムのなかでやっていける有効なものというと、宗教。とくにキリスト教なんかだと、「you are love」あなたは常に神様に愛されているんだと。それをシステムと言ってしまうと不遜な言い方ですが、有効なものだと思います。たとえば先ほどから大庭さんが、赤ちゃんのおむつを替える話をされましたが、患者さんのなかにも、お母さんというのはなにをしても許してくれる存在であるはずだとか、あるべきだという人もいるけれども、母性は幻想的なところもある。実際に診察室には、どうしても赤ん坊をかわいいとは思えないというので苦しむ母親もたくさんきますよね。私としてはしょうがないというか、そういうときは少し距離をおけるように診断書を書いてあげるから、母子保健センターに行ったほうがいいと。それでほっとしたりする人もいますけれども、よく母性愛は無条件の愛なんだという、幻想装置

岸壁の母　第二次大戦後、ソ連抑留から引揚げ船に乗って帰ってくる息子を舞鶴港の岸壁で待ちわびた母親の姿を、マスコミが取り上げて話題になった。流行歌にも歌われ、母親の深い愛情の代名詞になった。

みたいなものがある。たまに、そういう人も出てくるわけです。『岸壁の母』※とか。何年か前に、青森で、サラ金の店に灯油をまいて五人ぐらい殺しちゃったおじさんがいて。そのおじさんのお母さんというのが八十いくつで、すごく素朴な青森のおばあさんで。その人のところに取材が行ったら、その人は素朴な人だから取材に答えちゃって。「私にとってはいい息子なんですよ」って。五人も人を殺しているのに、かばっている。いい子だと。とんでもないことしてごめんなさい、と言わないで。それを見て、あれこそ母の姿だ、殺そうがなにしようが、母にとって大事な息子、みたいなこと言ってくれるのは母親だ、みたいに思ってしまって。母と言うのはそうあるべきだと、うちの母はそうしてくれなかった、と言って恨んだりしている若者もたくさんいるわけですよ。それは、そういう人もいるだろうし、そうじゃない人もいるだろうし。必ずしも母の愛というのは無条件ではない。

　私は、自己承認欲求が、どこかに無条件のものがあるんじゃないかという患者さんには、犬や猫でも飼えば、と言っちゃったことがあって。犬っていうのは、本当に飼い主に忠実。飼っている方はわかると思いますが、どんなに夜中に帰って、奥さんが起きて来なくても、犬は起きてくる。毎日がお祭騒ぎ。お帰りなさい、お帰りなさい、僕だよっていって。あの感覚ですよね。悲しいことに犬は、その飼い主じゃなくても、迎えにいきますが。でも、無条件に自己承認されているという感覚は味わえますよね。だから、ほどほどそこそこに自己承認されるというのは、現実的な落としどころだとは思うけれど、それぐらいしてあげなさいよ、というモチベーションをどうするか。お互い自己承認されるということは、人のことも承認してあげるわけで、ほどほどそこそこにでも、あなたも他者を承認してあげなさいよという、そこの動機づけをどうするのかというのを、私は非常に悩んでいて。いろんな人に質問するんですが、そこで急に「それは人間として当り前です」とか言われる。それぐらい人のことを全面的に肯定しなくても、ちょっとは思いあってあげたり、相手のことを認めてあげることは、「人としても当たり前」「誰にでも備わっている本能だ」とか、そういうことを言いだす人がいる。

私は納得いかない。そこには理由づけが必要です。それがないので、例えば小学校なんかで、なにかしてもらったとき、人に対してどうして「ありがとう」と言わなければならないのかを、教師が教えられないから、『水からの伝言』※という、偽科学みたいな本を使って、水に「ありがとう」と書いて貼るのと、「ばかやろう」と書いて貼るのでは、それを凍らしたときに、ばかやろうの結晶は汚くて、ありがとうの結晶はすごくきれいだということをずっとやっている人がいる。「水からの伝言」という写真集が何十万部も売れて、世界各国の言葉に翻訳されて、隠れたメガヒットになっている。それを学校の道徳の教育で使っている先生たちがいるんですよ。それに対して、科学者がずっと糾弾して、批判して。日本物理学会とかでもね（笑）。でもその本を使わないと、先生たちが、人に感謝するとか、優しくしてあげるという必要性を説明できな

水からの伝言　江本勝の著作（『波動教育者』、二〇〇一年）。水に良い言葉をかけるときれいな結晶ができ、悪い言葉をかけると汚い結晶ができる、という内容。しかしその主張の科学性をめぐって、物理学者や化学者などで大きな議論を引き起こした。

い。だから水でさえ、と。可視化ですよ。結晶はこんなにきれいなのよ。水でさえそうなのよ、だから人に親切にしてあげなきゃいけないのよと。それぐらい説明できないわけですよね。人だったら当り前だとか、誰でもそうだとかでは納得できない。人に対して信頼感がなさすぎるかもしれないが。

ほどほどそこそこを、支援教育のなかで伝えたりしなければいけないものだったら、どうやって伝えるか。それはそんなに簡単な問題ではないと思います。

下斗米　ありがとうございました、時間が参りましたものですから、ここで閉じさせていただきたいと思います。嶋根先生、まとめをお願いします。

生きづらい社会と向き合う

嶋根　今日は長時間にわたって、多くの皆さんにご出席いただき、現在望みうる最高のお二人に来ていただいて、非常に刺激的なお話が聞けたとお礼申し上げます。

先ほどからの繰り返しなんですけれども、私たちは、非常に豊かな先進的な社会に生きている。先ほど上野さんが言いましたが、こういう社会というのは成熟しなくてもいい社会。技能技術を外部で蓄積している。例えば、今大きな声を張り上げなくてもいいのは、このマイクロフォンと後ろにあるスピーカーのおかげです。その構造を知らなくてもすむので、どうやってできあがっているのかを知らなくても、そういうことによって私たちの生活は大変便利になっています。しかし、だからこそたいへん苦しくなっている部分もあると思います。

実は、春に父を亡くしまして、葬式をしました。非常に共同体的な関係の残っているところで、そういうときには村のみなさんがわっと押し寄せて手伝ってくれるんです。でも、実はみんなそういうことが面倒になっちゃっていて、都会に出てきたり、都会でもっと便利な生活をしようと生きてきた。だから共同体が壊れてしまったわけですね。確かにいろんな道具や制度が発達して、私たちは割と楽に生きられるようになってきた。でも、楽に生きられるようになってきたはずなのに、人間関係の過剰や過小に苦しみながら、なぜ生きづらいのか。これが今日のテーマでした。

楽で生きられる、子どもは子どものまま、成熟しない青年がいて、成熟しない、私みたいな中年がいて（笑）、成熟しない老年がいて、それでもいい、それでよい、そういう制度を作ることが大事だと上野さんは言っていましたが、上野さんは別のところで違うことも言っている。年老いて大事なことは、人と仲良くすることだと。面倒を見てくれる人、お金を払ってでもなんでもいいけれども、その人ときちんとコミュニケーションできないと、手荒な仕打ちを受けるよと。

私はまさにそこだと思います。こんなに便利になって、いろんなことができるようになった。いろいろな可能性が出てきた。年をとっても旅行することができる。若いうちから外に行くこともできる。でも苦しくなっちゃった。それは今日の話のまとめでは、社会の制度の問題でもあるし、心の問題でもある。ただ、心のありようだけでは、どうも制度の改革、社会をよくすることはできないし、いくら心だけをよくしようとしてもそれを救えるようなシステムを作らなければならない。ではどこからシステムの変革を始めるかと言うと、今年の夏アメリカでオバマ政権が発足し、あるいは日本で、上手く行くかどうかは分かりませんが、民主党政権が新しい一歩を踏み出しました。

で、どうやったら、私たちはもっとよい社会を構築していけるのか、あるいは気楽に生きていけるのか。そのときにはなにをあきらめるべきか、なにをあきらめずに頑張らなければいけないのか。我々が当り前のように使っていた自動車が、新しい発想に変わってきた。数十年前には自動車社会はもっと発達すると思っていた。もっとどんどんガソリンを使って……と思っていたのが、ここにきて大きく流れが変わってきた。私たちの生きづらい社会も、どこかで一歩を踏み出せば、豊かであり、かつそんなに生きにくくない社会の構築ができるのではないかと思います。今日はその話の第一歩ということで、とても結論にはいたりませんでしたが、この先のことは若い人たちに考えてもらわなければならない課題だと思います。本日は本当にありがとうございました。

第4章

〈座談会〉

私たちの生きづらさ

福田洋佑（ふくだ・ようすけ）
文学部人文学科社会学専攻四年生。出身は神奈川県。幼少期から吃音という障害をもっており、人前で話すことを苦手としていた。ゼミでは吃音障害がコミュニケーションにどのような影響を及ぼすかを研究テーマとしている。

嶋根　本日お集まりのみなさんは、当日香山リカさん、上野千鶴子さんの講演とその後のシンポジウムを実際に聞いた人たちです。そしてまた「生きづらさ」という問題に直面している世代でもあります。当日は若い人たちの意見を十分に聞くことができなかったのですが、今日は皆さんの率直な感想や意見を自由に述べてください。

つながりにおける依存と恐怖

福田　私が特に興味深かったのは、上野先生の「成熟なんてしなくていい、幼児的なままでいい」という話です。たしかに客体として形成された文明は、私たちに高度な能力を要求したりはしません。交渉能力がなくてもコンビニで買い物はできるし、マイクの構造を知らなくても私たちはそれを駆使することができる。私たちは未熟なままでよく、もしそれが問題なら、それに合わせた社会を作ればいいというのが上野先生の見解だったと思います。

いま必要なのは、現代人の幼児性を包み込めるように社会を見直しつつ、同時に幼児性から脱却させるような社会と個人の関係を考え直すことではないでしょうか。ただ片方が現状のままで、もう一方がそれに合わせるというのは、相互の発展性という点から問題があるかもしれません。少子化やネオリベによって幼児化の無力感と全能感がもたらされたとしたら、その幼児性を保持したままでは、生きづらさを構成する根本的要素からも脱しきれず、問題はそのまま残ってしまうのではないでしょうか。

香山先生の話に出てきた「スプリッティング」ですが、じゃあ、私たちの身近なスプリッティングに何があるだろうかと考えたときに思いついたのが、二つの「つながり距離失調症」です。歩きながらも携帯、電車の中でも携帯、授業中も携帯というように、常にだれかとつながっていないと不安になる「つながり依存症」があって、反対に、他者と直接的に接することの恐れから引きこもるなどの「つながり恐怖症」があります。これはある種のスプリッティングじゃないかと思いました。二つの症状とも、「他者とのあいだの距離感覚の失調」といえるもので、適切な距離感覚がわからなくなっているからこそ、過度に他者とつながったり、つながること自体に恐怖を覚えるのではないでしょうか。

ところで電車の中で音楽を聞いたり、携帯をいじったり、本や新聞を読んでる人が日本人にはとても多いと聞きます。これらは精神的なパーソナル・スペースを確保してそこへ逃げ込むための一つの手段だと思うんです。

人には適切な距離というものがあって、自分と相手との距離が一五センチぐらいの領域には、たとえば家族や恋人ならば入ってきてもよい。そでも、満員電車だと見も知らぬ他人にその領域が侵害されてしまう。そ

三砂昭太（みさご・しょうた）
経済学部経済学科四年。出身は福岡県。ゼミでは、日本の政府開発援助（ODA）について研究している。一年生の時にカンボジアへのスタディーツアーに参加して、現地の子供たちが否応なく働かざるを得ない状況に衝撃を受ける。将来は政治家になることを志している。

れゆえ物理的距離の快適空間が保てないときは、心理的空間だけでも確保しようとする。以前は通話もメールも、家から電話をかけるか、家のパソコンを使うかしかできませんでしたが、現在では、携帯やポータブルというメディアで、公的領域を含むあらゆる生活空間から発信できるようになっています。だから「つながり依存症」も、このような「公的領域における私的領域への依存」など、境界線の揺らぎという観点からも考えることができるんじゃないでしょうか。

　昔は家の電話で友達と長時間話していて親に怒られたという経験がありますが、携帯の登場によって通話は「家」という私的空間だけでなく、「戸外」という公的領域でもできるようになった。そう考えれば、つながり依存症が、つながり恐怖症の「内でこもる」とは対照的に、「外でこもる」という考え方もできると思います。

三砂　最近ツイッターが話題になっていて、あれは一四〇字以内で「自分何してます」とか「自分今こう思っています」というようなことを述べるんだけど、あれやってると他の人とつながってるなと感じるんですね。家の中に一人いても、パソコンを介して外の人とつながっている。だから「内でこもる」のは「外でこもる」のと何かつながるんじゃないかな。また、そういうつながりを持てる社会ができてしまったのではないかなと、良い意味でも悪い意味でもなんですけど。

福田　新宿とか渋谷とかに行くと、人がいっぱいいるじゃないですか。いっぱいいるけど誰も自分のことを知らない。話しかけてもくれない。接しようと思えばいつでもできるのに、その機会はない。なぜかというと、一つには突然話しかけたら相手はビックリするだろう、未知の相手に声をかけてはいけないという暗黙の了解というか、一種の規範や常識があると思うんです。人はいっぱいいるけど、誰とも接することはできず、自分は一人ぼっち。それは寂しいことだと思うんです。内心では身近な人としゃべりたいなとか、接したいなと、ちょっとは思ってる人がいるかもしれないけど、その一歩がなぜか踏み出せない。勇気が出ない。その踏み出せない一歩が現実ではなく仮想空間、ツイッターやミクシー※へと行ってしまうんじゃないか。だから電車の中でもミクシーやったり、ツイッターやったりする人が増えているんじゃないかな。もともとには、つながりたいという強い気持ちがあるからこそ、ツイッターやミクシーによって「外でこもる」行為へと向かってしまうんじゃないかな。

深町　逆に言うと、そういったミクシーやツイッターなどの便利なツールがあるからこそ、面倒なぶつかり合いを避けても、他者とつながっていられる気がするようになったのだと。誰かとつながっていたいけど、一方で、自分が傷つきたくないから、他者と深くつながるのは怖い。

沼沢　僕も同じで、ミクシーやツイッターでほんとにつながっているの

ミクシー　日本最大級のシェアをもつSNS（ソーシャル・ネットワーク・サービス。個人間のコミュニケーションを促進し、社会的ネットワーク構築を支援するネット利用のサービス）。ネット上の自分のページにプロフィールや日記、写真などを載せたり、コミュニティに所属することで、人とコミュニケーションを図ることができる。

かというのには疑問があります。電車という空間の中でこもるには、ツイッターが便利なツールであるのは間違いなくて、だとしても、それが本当に人と人のつながりといえるものなのでしょうか。

福田　面と向き合うと声のトーンや高さ、身振り手振りといった非言語的情報があるけど、そういうのがメールとかだと内容しか分かんなくなる。電話だと、対面的なコミュニケーションにある身振りという非言語情報が落ちちゃう。メールになると、もう記号としての文字しか残らない。画面上に黒いドットで文字が作られるため、手紙と違い筆跡による情報もないし、電話に残っていた声のトーンといった非言語的要素すらなくなってしまう。そういった観点から考えれば、電子メディアでのつながりは本当の人と人のつながりと言えるのか、という疑問があります。

嶋根　ところで今は一人で弁当を食べているところを見られるのは嫌だ

深町真美（ふかまち・まみ）
経済学部国際経済学科四年。出身は埼玉県。ゼミでは「経済のグローバル化と発展途上国」について研究しているが、同時にジェンダー問題にも深い関心を持つ。現実にある男女の不平等に疑問を抱きつつも、女性の働きやすい職場を就職先に選んだ。

キャンパスにて

から、トイレで食べるという若者がいると聞くんだけど。

福田　個人的には、そのようなことにリアリティはあまり感じません。ただ、若者は「人とのつながり」自体を他者へのアピールやステータスとして捉えている面があると思います。だから一人でご飯を食べるのが嫌で、トイレに隠れて食べる人が増えているのも、つながり自体を周囲へのアピールの道具として考えているから、そしてアピールの材料がないからトイレで食べる。その材料がなく一人ぼっちという状況を、周囲にどのように思われるかが「怖い」からトイレで食べる。あるいは、そういうふうに考える人がいることを感覚的に知っているからトイレに隠れちゃう。そういった面があるんじゃないかと思います。

距離感という問題

沼沢善将（ぬまざわ・よしまさ）文学部人文学科社会学専攻三年生。出身は山形県。ゼミでは「都市部の人口回帰に伴う再開発と都市に集う人々」について研究を進めている。気が向くと自転車であてのない街めぐりをすることもある。

沼沢　ここで一つ問題なのは、個人のつながりを求める強い気持ちだとか、それを成就する能力とか、そういったもので階層化というか、人としてのランク付けがされてしまうのかなと思います。それはちょっと怖いな。ずっと以前の、人間同士の古いつながりがあった社会では、たとえば「人づきあいの作法」といったものを教える・教わるという協同的な関係があったように思うんです。でも七十年代以降とかの日本を考えてみると、近隣関係とかほとんどない状態で子どもを育ててきたっていう状況があります、とくに都会なんかでは。

三砂　ぼくは大学進学で東京に出てきて四年目に入りました。ぼくは田舎出身で、そこには味噌、醤油を貸し合う仲という言葉がまさに当てはまるような近所付き合いがまだ残っていて、ダメなことをした子どもを見ず知らずのおじさんやおばさんが叱ってくれるような環境で育ちました。今、あらためて思うと、そのような環境があったからこそすくすくと育ってこれたと思ったりもします。東京のこの都会ならではの殺伐とした雰囲気にもようやく慣れてはきましたが、やはり生きづらさというものを感じてなりません。「誰かが見届けてくれる」や「誰かがいざとなった時には助けてくれる」という関係を、身近に暮らす人々と共有することはとても大事だと思います。

福田　昔、村落共同体によって個人は包み込まれていた。けど今は、自らの力でつながりのネットワークという連帯を作っていかなければならない。現代社会では市民革命とか都市化によって「身分」や「共同体的規範」などの社会的属性はほとんど無効化したと思うんですね。外から与えられていた社会的振る舞いの雛形、類型的なものが崩れていった。そのため個人は自分のコミュニケーション能力を頼りに人とつながったり他者の承認を得る必要がでてきたということが、都会に住む現代の若者の「生きづらさ」になったと思うんです。その結果、他者への「繊細な感覚」や「微妙な距離のとり方」を身に付ける必要がでてきた。相手の内面をちょっとずつ手探りで探していく、自分が働きかけるときに自分のどこを中心に見せていくか、相手に対して自分のどこを隠し、どこまでさらしていくか。相手のプライベートな部分にどこまで踏み込み、どこで配慮し遠慮するかなど、繊細な感覚が現代では必要になっていることが、「生きづらさ」につながっているのではないかと思いました。

三砂　その微妙な距離というのを作り出せない、作り出すことが難しいからこそネットに逃げたりすることで、「生きづらさ」というものをさらに助長しているんじゃないかということもあるでしょう。

福田　高校の頃、級友Aと遊んだ話を学校でしたとき、級友のBから「俺に黙って遊ぶなよ」とか「内緒で何々したのかよ」って言われることがあって、当時はうざかったなーと、何でいちいちお前に言わなきゃいけないんだって、今思うと、プライベートなことを共有することが親密の証しっていう暗黙の了解のようなものがあったと思うんですけど。だから「隠し事なし」を建前に突っ込んでくるのは、逆にお互いの関係をギクシャクさせることがあると思う。それに比べて本当に気の合う友達は、そういうのがなくてお互いの快適な距離をわかっているから、隠し事があってもいいじゃない、秘密があってもいいじゃないと。そういったものがわかるというのもお互いが理解しているからなんですね、だからそういったお互いの心地よい距離感というものを熟知し合ったのが、「深い関係」かなとも思うんですよ。ただ距離感っていうのはやっぱり、初めの時はわかんない。ちょっとずつ相手と接していって「この人はこういう人なんだ」って理解していく。これはやっぱり自分自身のコミュニケーション能力と関わってくると思うんですね。

深町　一般的にちょっと仲間はずれになってしまう人は、まわりから

「変わっている」と見られている人が多いですよね。そしてみんなまわりから「変わっている」と言われたくなくて、なるべくまわりと「同じ」でいようとする。そのために本来の自分をさらけ出せない。そんなことをしている間に本当の自分が何だったか分からなくてさらに悩んだりします。自分も中高まではなるべくまわりと「同じ」でいようとしていたのに、大学に入って「自由になっていいんだよ」となって、そもそも自分は何者なのかよく分からなくなりました。ありのままの自分を封じこめ装うことは、心が死んでしまいます。だれでも本当の自分を受け入れてもらい、その上でまわりから認めてもらいたいと思うんです。

福田　ただ浮いてしまったり、他人とのコミュニケーションの仕方を学ぶ機会のなかった人には、そういったことも難しいよね。相手に過度につっこんだり、プライベートであればあるほどお互いを独占したいという、そういった思いがかえって互いの関係をギクシャクさせていく。そういう距離感の問題が「ともだち依存症」になったり、「生きづらさ」につながっていくのかなと思います。やっぱり昔だったら集団に帰属していたからこそ、そういった問題もここまでは顕在化してこなかったはずなんだけど。そういうことも今の若者の「生きづらさ」と関係してくるんじゃないかな。

深町　今は情報に溢れていて、たとえばインターネットなんかで何でも体験したような気になっているから、他者との距離のとり方という、当たり前のことができなくなってしまったのだと思います。それは自分の身体は一つで、実際にコミュニケーションをとれる人の数なんて限られているのに、それを超えた範囲でネットなどの世界で背伸びして人間関係を広げているからじゃないかな。そういったことで「生きづらく」なったりしてるんじゃないかなと思いました。

嶋根　自分で試行錯誤して経験を身に着けるのではなく、インターネットとか雑誌とかのメディアを通じて、頭で体験してしまうということですね。知ってしまって、体験したことになっているから、「現実」に直面してしまうと「生きづらさ」を感じてしまう。

若者の進路とネオリベ

深町　ここは女性が私一人ということもあり、すこし自分の体験を通じたお話をしていけたらと思います。上野先生のネオリベから派生した男女共同参画行政についてのお話は、なるほどと思いました。この講演を聞いたときはちょうど私の就職活動のはじめのころで、私は女性として将来どう働いていこうか、生きていこうかと考えていた時なので、とても衝撃を受けまして、上野先生に「これから社会人になる私たち女性はどう生きていけばよいのでしょうか」と大声で聞きたいぐらいの心境でした。

その後実際、就職活動を進めていく中でものすごい葛藤がありました。男性社会にも物怖じせず飛び込んで働き、社会に認められたい。でも一方で、結婚や出産だってしたい。実際、家族を養いながら、働けるのだろうか。いや、働いているうちに婚期を逃して一生独身、負け犬の遠吠えでしたっけ、とかになったらもっと嫌だとか。結局こういった葛藤の中で就職活動を行なっていたのですが、結果として女性が働きやすいという観点から、今の企業に決めました。というか、女性の採用数が多いところしか通らなかったんですね。男性と肩を並べて働く自信もありませんでしたし、甘い罠でそれに乗せられてはいけない、実際は厳しいものだろうと直感で感じる部分がかなりありました。実際、男女平等なんて無理な話なのだと私は思います。お互いの体も役割も違って当たり前だと思うんですね。お互いの性別の違いをしっかり尊重し合う風潮が、今よりもっと薄くなってしまったら、女性はさらに生きづらくなってしまうでしょう。男女平等って聞こえはいいですけど、それは政府の労働力対策であるという上野先生の主張ですが、これから社会にでる一人としてしっかり心に留めておきたいと思います。でも一方で上野先生の、不況に対しておじさん達が腹いせに女たたきをしているという話は逆に女性という立場を武器にして自分たちの都合のいいように言いすぎではないかなと、同じ女性としても若干思いました。

本当に日本は「豊かな社会」なのでしょうかね。労働時間は先進国でも断トツで長く、精神病も含め自殺者が後を絶たない。こんなに物に溢れ豊かなのに「生きづらい」と感じる若者が多い。これをどう受け止めるかですね。

嶋根　深町さんに入ってもらってよかったですね。ジェンダー的な論点というのは、是非問題にしなければいけないわけで、深町さんが問題提起をしてくれないと我々はついつい「男」たちだけの議論をしていたかもしれません。深町さんと同じように進路という問題で悩んだ人がいて、ちょっと長いけど、現在大学三年に在学している人から寄せてもらったレポートを紹介します。

　私は歴史学専攻の学生として専修大学文学部に入学しました。高校受験で日本の近現代史に興味を持ち始め、当時は専門的な歴史の授業に期待をふくらませていました。自分でいうのも何ですが、私は控えめな性格なので、入学当初は「大学」という新しい環境に馴染めるかどうか、不安は人一倍強かったのです。しかし、授業が始まってから友人もそれなりにでき、生活に関してはあまり心配しなくなりました。
　でも、まだ心から学生生活をエンジョイすることはできませんでした。なぜなら歴史学の勉強が私の思い描いていたイメージと違っていたからです。「歴史学」という学問のあり方は、私が入学前に思い描いていたものとはほど遠く、大学生活が進むにつれ、高校時代に感じていた「日本史」の魅力は消え失せていく一方でした。

そんなある時、私にとってのターニングポイントが訪れました。希望したゼミに落選してしまったのです。私は近現代史をきっかけとして歴史の世界に興味を持ったので、近現代史のゼミに入れないことは、この学科の学生である意味を奪うのと同じことでした。ただでさえ歴史学に後ろ向きという気持ちの中で、他のゼミで我慢することを考えると、自分の残りの学生生活は先が見えているように感じました。

結局、私は転専攻することを決心しました。当時は、虚無感に満ちた学生生活から抜け出すことに夢中で、大学という専門教育の場でしか体験できない世界に飛び込めば、生活は有意義になるはずだと信じていたのです。そして、一年生の春休みに転専攻の面接試験を受け、幸いなことに晴れて次年度から現在の所属への転専攻が認められました。その時の心境は、嬉しいというよりも、「ここから自分の学生生活をやり直せる」という充実感でいっぱいでした。

しかし転専攻が認められたからといって、すぐに状況が変わるわけではありません。専攻を変えることはつまり、学科だけでなく人間関係のリセットをも意味します。旧来の友人と離れ、新たな人間関係を築かなければなりません。当然、新しい同級生たちはすでに人間（友人）関係を築いていましたから、私は否応なく、そうした「輪」の中に途中から入り込むしかなかったのです。自分にとって、現実はあまりにも厳しいものでした。また、表向きは二年生でも、転専攻のために後輩に交じりながら一年の必修科目を履修しなくてはならないというつらい現実にも直面しました。こうしたギャップの苦しみに、激しい後悔の念に駆られることもありましたが、現状は自分で選択した結果であり、もう後戻りができない位置にいることを私自身よくわかっていました。そうした自己認識もまた私を苦しめていましたが、それを克服するためには、今度は自分自身を変えるしかありませんでした。

私は今年三年生になり、今度は自分の希望するゼミに入ることができました。そのゼミでは、卒論のテーマ設定は履修者個人に完全に委ねられており、すべてにおいて自主性と向上心が問われています。何度も言いますが、私は控えめな性格なので、基本的に集団生活も議論も苦手です。しかし、二年生で身に付けた経験や自信を無駄にしないために、そして自分の決断が間違ってないことを証明するために、今もなお不器用ながら奮闘しています。

はたから見ていると、成績も良く、努力家で、自分の考えた通りに生きているように見える人でも、内面ではこんな葛藤を経験しながら生きているんですね。三砂君はどうですか。

マイノリティの生きづらさ

三砂　ぼくはいまゼミで、政府開発援助ＯＤＡというのをメインで調べ

プノンペン郊外のゴミ山

ているんですけど、大学一年のときに二週間ほどカンボジアに行ったんです。向こうでは日本のNGOを頼って、スタディツアーという形で参加しました。プノンペン郊外に巨大なゴミの山があって、そこでアルミや金属を拾って生計を立てている人たちのコミュニティがあります。そこでは子どもたちも労働力の一つとして見られている。それはいけない、教育が大事だということで、ゴミ山のすぐ近くに質素な学校を作って、子どもたちに勉強を教えています。勉強といっても、読み書き以外は衛生教育、たとえば歯磨きだったりゴミ山で怪我をしたらどういう治療法をするかとか、生水は飲んじゃいけないというような指導をしているんです。その子どもたちの笑顔というのが、日本でよく電車の中で見かける、塾のリュックを背負って、眼鏡をかけたような子ではなくて、そのときぼくは日本から折り紙を持って行って、折り紙教室なんかをやったんですけど、その笑顔というのが今の日本では見られないくらいの笑顔で、何と表現していいか分からない。本当にちょっとしたことで喜びが

カンボジアの子どもたち

ある。たとえば勉強ができたり、折り紙ができることだったり、よその国からきた人が一緒に遊んでくれることだったり、そこに喜びを感じてすごい笑顔で接してくれるというのは、何かやっぱり今の日本にはないんじゃないかと思います。いつかしら、いまの日本には置き忘れてしまったものがあるんじゃないかと感じました。

福田　豊かになったゆえに失ったものですか。

沼沢　先進国が途上国にさしのべる最低限の生活という言い方があるけれど、まず最低限という言い方からしておかしいし、幸福というのは数量化できないものです。その国にはその国独自の貧困があると思うんです。援助といっても、古い貧困を新しい貧困で置き換えただけのような気もするんですけど。貧困がただ更新されていくだけというようような。

矢崎慶太郎（やざき・けいたろう）
文学研究科社会学専攻博士課程。出身は東京都。修士論文ではインターネットにおけるアングラサイトの研究を行い、現在は芸術とコミュニケーションの関わりを研究している。ルーマンなどの社会学理論に造詣が深い。

福田　貧しい国の飢えというのは、先進国のシステムがあるからだと思うんです。コンビニは毎日パンとかおにぎりとか雑誌とかをどんどん供給している。だけどその陰には途上国からの搾取がある。そして先進国で消費が行なわれた後には大量廃棄がある。この問題が環境問題へ転化して、それが途上国にも影響を与える。途上国自身が食べていける土地や資源はあるのに、それを先進国の生産のために奪っちゃう。問題の本質は途上国への援助ではなく、先進国のシステムの見直しかもしれないですね。

矢崎　そうかな。発展途上国の人はどう思っているのかな。やっぱりテレビや車や冷蔵庫が欲しいような気がするんですけど。

三砂　ゴミ山で暮らしている子どもたちに、いま何が欲しいか、将来何になりたいかインタビューして回ったんですけど、鉛筆が欲しいとか、

撮影：三砂昭太
（カンボジアの写真）

NGO の教育施設

本当に必要最低限のものを欲しがっている。で、将来何になりたいかと聞くと、お医者さんや教師になりたいという子が結構多かった。何か社会に役立つために、自分はもっとこんなことができるんじゃないかとか考えている。そのために日本では溢れて捨てられるようなものだけど、それを今必要としているというのがカンボジアの地域の現状だと思います。

生きづらさが何に起因するのか、それは単に人の心が弱くなったからでも、人の心が敏感になったからでもありません。香山さんや上野さんが言うように、日本の社会環境の変化が生きづらさを生み出しているのではないかと思います。以前予備校に通っていたとき、英語の先生がこんなことを話しました。「欧米はだだっ広い大地に人間が独りいて、無条件の愛を与えてくれるキリストがいる。一方日本の山がちの地形の中では、住むところが限られ、人々は寄り添って暮らし、八百万《やおよろず》の神というのが存在している」。ネオリベとは、どちらかといえば、そういう欧米型の社会の中から生まれてきたものです。現在の日本人の「生きづらさ」には、ネオリベの侵入によるアレルギーが要因となって表れているような気がします。

福田　すこし個人的な話をしますが、僕には言語障害があり、吃音と構音障害※の二つ持ってます。実際、人前で吃ったり、言葉がなかなか出ないと奇異なまなざしを受けるので、自分が「ふつう」ではないことを日常的に痛感させられます。

　小学校のときの自己紹介、順番が近づいてくると、汗が出たり胸の鼓動が速くなりました。順番が来て立ち上がるも、なかなか言葉は出ません。まわりが自分のことを見ている。その中で「ぼぼぼ、ぼく、の……なま、名前は…」と吃ってしまう。すると静かだった教室がざわめき始

構音障害　「かきくけこ」が「かちくちぇこ」になるなど、特定の言葉を正しく明瞭に発音できない言語症状のこと。

め、好奇な視線が襲いかかってきます。みんなのような「話し方」ができない。それはとても生きづらいです。そんな体験をしていると、人と接することが嫌になります。なるべく人と関わりたくない。つい口を開くことを抑制してしまう。だけど、やりたいことをやってみたい、自分の話で友達を笑わせてみたい。でも「吃音のせいで」とか「吃音だから」という理由で自分を押さえつけてしまう。できないのは私のせいではなく吃音のせい、そういう意識が自分から多くの可能性を奪い去り、生きづらい世界にしていく。

今、大学生になって、吃音への考え方も変わりました。「吃音のせいで」ではなく「吃音だけど」という意識です。吃音だけどやってみる、言いたい時に言いたいことを言う、それを心がけています。そのような中で気づいたことがあって、生きづらさは少数派に生じやすいのではないかということです。つまり、「マイノリティ」だからこそ生きにくい。

以前は、それが当たり前のように無口でした。笑顔が処世術です。けれど、積極的に口を開くようになってから、吃音者だと知られることが多くなりました。でも、それは大して重要なことではありません。問題は吃音が少数派だということです。吃音でも意志はちゃんと伝えられる。コミュニケーションはできる。ただちょっと時間がかかったり、聴きとりにくいだけです。聴き取れなかったら、もう一度しゃべればいいだけの話で、伝えることはできる。でも、そういったことが気になるんだったら、それは吃音が少数派に属し、周囲の認知に乏しく、そして自分自身が吃音に対して否定的な感情を抱いているからではないでしょうか。吃音者は人口の一パーセントだといわれています。大多数から外れているためにからかわれる、普通の人のように話せないから「かわいそう」、マイノリティだから吃音は言語障害とされている。少数派だからこそ、比較の対象になったときに生きづらいと思ってしまう。生きづらさは比較をされた結果として生じ、特にマイノリティがそれを感じることになりやすいのではないでしょうか。

矢崎　ちょっと論点が違うかもしれないけど、悩むということで思い浮かんだことがあるんだけど。たとえば、今日の座談会で全然面白いことがしゃべれなくて家に帰って後悔する。するのはいいんだけど、今日やったことが正しかったかどうか誰が決めるのかといったら、自分が決めるんだよね。間違っているかもしれない自分が、今日は正しかったか間違っていたか決めなければならない。そうすると、無限に堂々巡りで繰り返しちゃいますよね。自分が正しいとは限らないのに、自分でやったことを自分で価値判断するというのには無理がある。じゃあ、どうやったら決められるかといったら、たぶんだいたい他人です。何そんなつまんないことで悩んでるのって言われて、それで終わり。本人が終わりと思うかどうかはわからないけど。

福田　車椅子の人が段差で不自由なのであれば、まわりはその人をリハビリで歩けるように治そうとします。これを障害学※という学問では「医学モデル※」といいます。また、そうではなく、不自由を作り出す段差をなくすという考え方は「社会モデル※」と呼びます。必ずしも個人が変わらなくていい、そのままで生きられるように社会を変えればいい。障害を治せない人に対して治せといっても無理じゃないですか。

そこで思うのが、よく開発援助といいますが、それは誰に対する援助なのか、マイノリティからの視点も含んだ援助なのでしょうか。段差の有意義性も健常者中心の発想からくるものです。健常者中心の価値観で世界がつくられている。だからこそ障害者が住みにくくなっている。では、開発援助も誰のために行っているのか。「途上国の人のため」の中にマイノリティは含まれているのでしょうか。大多数の人を中心に指してはいないだろうか。以前、菅直人首相が「最小不幸の国※」をつくると言っていましたが、最小不幸とは誰にとってのものを指すのか。おそらくマイノリティのための最小不幸だと思うんです。マイノリティも含め

障害学　障害を社会・文化の視点から考え直すことで、従来の医療やリハビリテーション、社会福祉、特殊教育といった「枠」から障害者の解放を試みる学問分野。

医学モデル　障害者が経験する困難の要因は個人の身体的欠損にあるとし、リハビリテーションなどの治療行為を半ば強制的に行うことによって障害者問題を解決しようとする考え方。

社会モデル　障害者にとっての問題は、個人の身体にあるのではなく、障害者を排除・無力化する社会にあるとし、変わるべきは社会であるとする考え方。障害は社会的につくられたものと見なし、社会の側こそを問題と定め、社会的障壁の除去をめざす。

最小不幸の国　貧困や戦争、自殺、社会の閉塞感など、国民が不幸になる要素をいかに少なくしていくのかが最小不幸の国をつくっていく、それが政治の役割であると菅首相は二〇一〇年六月八日、就任後の記者会見で述べた。

たらより経費や時間がかかるというのもありますが、マイノリティは少数派であるがゆえに常にないがしろにされてしまいがちではないでしょうか。

矢崎　ぼくの友達で金融機関ではたらく人が何人かいます。金融機関には日系と外資系がありますが、どちらかというと外資系の方がネオリベ的であると言えると思いますが、外資系で働いている人で辛いって愚痴こぼす人、ぼくはあまり見たことないんですよ。金融関係の知人の数が少ないのでなんともいえないですけど、日系のほうがつらいという人が多いような気がします。例えば、外資系で働いている知人が、リーマン・ショックでクビになったんです。会社が危なくなって雇用できなくなったら、すぐ切られるんです。でも同時に信じられないほどの退職金を貰っている。クビになって本人もすごくつらいと思うけど、だからもう外資なんか行かないとはならない。むしろまた別の外資を探したいと思っているようなところがある。そう考えると、ほんとうにみんな競争社会、欧米企業的な風土が嫌なのかとも思います。

むしろ日系の金融機関行で働いている人のほうから、人間関係で愚痴を聞くことが多いです。例えば、何度も飲み会があって、そこで上司にフレーフレーとかいって応援歌を歌わなきゃならないみたいです。これは金融に限らず日本企業にありがちなイメージですけど、朝会社に出てって夜家に帰る、一日中会社に付き添って、どれだけ会社と一体化できるかが問題とされているところがあるように思います。そうなると、伝統的な日系企業もまた辛いんじゃないかって思います。

「生きづらさ」をどうとらえ直すか

嶋根　さてだいぶ長時間にわたって議論してきたけど、ここでもう一つレポートを紹介します。二十六歳の大学院生で、子どものころから経済的な困窮に耐えながら生きてきた人です。経済的困窮や生活苦はわれわれの社会に普遍的にある「生きづらさ」といえるんだろうけど、こういう人もいるということは忘れないでいたいと思います。

私は大学二年生の頃からアパートの家賃、食費、その他生活に必要なお金をすべて自分のアルバイトで賄ってきました。学費は、貸与の奨学金から払いました（学部四年間で四百万円程度）。

当時は、八時間のアルバイトを週に五日、大学へは週に三日通い、休むことなく毎日を過ごしていました。仕事はテレフォンオペレーターがメインでした。テレフォンオペレーターというのはなかなか大変な精神労働で、電話口で相手から大声で罵倒されることもしばしば、というよりかなり頻繁にありました。それでも生活のためにと歯を食いしばって耐え、理不尽と思われる罵りや詰問に腹を立てつつ、また傷つきながらも、「申し訳ありませんでした」と電話口で繰り返し謝ることで収入を得ていました。

当時の収入は月に二十万円ほどになりました。一般的な大学生ならばかなり余裕を持って生活できる金額だと思います。しかし、わたしはある程度の貯蓄がないと心配でたまらずに、大学生活の大半をそうした慌しさと不安の中に過ごしていました。それは、当然のことですが、実家が経済的に逼迫していたからです。ある時からは、私の口座のお金が親に引き出されるようになりました。最初はことわりの連絡があったりなかったりでしたが、やがてことわりなく勝手に引き出されることが多くなっていきました。私は「せめて連絡くらいして欲しい」と再三言い続けていたのですが、願いは聞きいれられませんでした。親の状況、気持ちを考えれば、これほど嫌なこともないのだろうと察して、心配になり、夜も眠れなくなる一方、罵声を浴びながら必死の思いで蓄えた自分のお金が、ことわりもなく引き出されることに怒りを抑えることが出来ませんでした。例によって勝手にお金が引き出されていたある日、「これ以上続けるなら、口座の金は全部あげるから、親子の縁を切って欲しい」と電話口で母親にそう告げました。母親のしばらくの沈黙、そして「そんないい方しなくてもいいじゃない」という弱々しい言葉。あの時の母親の気持ちを考えると今でも苦しくなります。もしあの時「わかった」と言われていたらと思うと、いまは心底ゾッとします。

その頃、私は大学の調査実習の授業に参加するつもりでしたが、スーツ着用という話が出て、結局参加せずに欠席しました。単位も諦めることにしました。たかだか二万円程度の出費であっても、ちょうど懐が枯渇していたことと、アルバイトを休むことの損失が私には大きなことに思われたからです。

最後に。これは、そういえばあの頃はなんだか苦しかったなという記憶の一つです。苦しさの原因は、「お金がない」の一言に要約できるかと思います。しかし、同時に私はあの頃とても強い「孤独感」を感じていました。この孤独感こそが当時の苦しさの正体のような気もしています。お金がないという現実が、なぜか孤独の苛みを連れてくるのです。しかし、私はこうしたことを経て、幸いにも生きていく上での揺るぎ難い糧を得たと思っていることがあります。それは母親の私の暴言に対する受容という経験（記憶）です。それはあの頃の私の孤独感を最も和らげてくれたものでした。お金がないという原因でねじれた関係の中でも、母親は「私」のことは手放さないでくれた、そうして私を安心させてくれた。お金があれば不安は減るかと思いますが、お金というモノが無くとも、むしろモノではないということを長所とした、柔軟性のある安心感が存在するのだということを、母親は私に示してくれたように思っています。

海外での貧困はもちろん悲惨ですが、「豊かな社会」といわれる国での貧しさは、なお一層の剥奪感、つまり寄る辺のなさを感じさせます。

このような苦労をしている学生もいるのですね。

矢崎　今日ここで、シンポジウムをきっかけに話ができたのはよかったと思います。みんなそれぞれ自分の生き方をしなきゃいけないと思っているけど、内心これでいいのかな、こういう見方でいいのかなと常に考えざるをえない。自分のこういうノリでいいのかとか、仲間とのコミュニケーションの取り方間違ってないのかとか、人生プランはこれでよかったかとか。とにかくいろんなことを誰もが学者のように分析しなきゃいけない時代になってきて、たぶんここから逃げるというのは結構難しくて。だったら社会学とか経済学というのは、自分とか他人のことをもう一回見つめ直してみる時の一つの手段として使えるんじゃないかと思いました。知識というより、一つの問題提起の手だてとしていいかもしれない。

福田　よく「同じ毎日の繰り返し」という言葉を耳にします。これは変えることはできないのでしょうか。僕はこれを簡単に変えることができると思います。たとえば自転車ではなく、歩いて駅まで行ってみる。玄関をいつもと逆の左足から出てみる。滅多に着ない色の服を着てみる。そしたら違った風景が広がっているかもしれない。そして、そこに肯定的な意味を与えてみる。また戻してみた時に安心感などを覚えるなら、それがどうしてか考えてみる。そしたら「いつも」が自分にとって嬉しいものだったことに気づくかもしれない。小さなことだけど、目的や結果は変わらなくても過程は簡単に変えることができると思います。そしてその小さな一つ一つにポジティブな要素を見出せたなら、生きづらい世の中でも肯定的な面を私自身からつくりだせ、大切になってくるのではないでしょうか。

沼沢　まず、生きづらさについて考えることほど生きづらいことはない、という率直な感想がありました。で、あえてそれについて考えてみようというのがこの座談会の趣旨だったと思うんです。それについて考えることは、結局社会のしくみ自体を映し出すことになるような気がしました。これまで日本も含め世界全体で、さまざまな幻想と言われるものがあり、幻想が幻想としてあることが意識されず、社会の安定を保っていた時代というのが続いてきたように思います。シンポジウムで上野、香山両先生が話していたように、それが幻想であることをどんどん暴いていくということが現在まで過渡期として起きてきたのではないかと思います。そしてその期間を経て、これからはその幻想を機能的に用いていく、そういったことが必要になってくる時代が来ているのではないでしょうか。そのような問題設定に自分は惹きつけられました。

深町　これまで生きづらさの所在をいろいろと考えてきましたが、私の結論としては、これはその人の考え方次第だなと思います。やっぱり世の中が変わるというのはそう簡単にはいかないですよね。でも自分の考え方は変えることができると思うんです。自分の考え方次第で、まわりは変わる。同じ状況であっても幸せを感じられる人と感じられない人がいるなら、感じられる人の方が絶対幸せじゃないですか。日々生きることですら必死なのに、生きづらいなんて考えるのは余裕のある証拠です。ですから現状に日々感謝して、この生きづらい世の中を、いやいや、生き易い世の中でしょって考えて生きていくのが一番いいのではないかと。当たり前のことなんですけど、今回話し合ってみて逆に気付かされたことでした。

三砂　私は経済学部なので、生きづらさと経済を何かに絡めた意見を出したいと思っていました。社会の欧米化、経済の規制緩和による自由、男女を見るときの自由、人とのつながりの自由、こうした無数の自由が溢れるからこそ絶対的なものを求めたがる。そして絶対的なものを求める上で、人は苦しんだり悩んだり板挟みになっていく。生きやすさを求めるのであれば少しぐらい押しつけや決めつけがあった方がいいのではないかと感じました。でも日本社会はグローバル経済化する社会の中で戦っていくということを決めて、その中で自由を求めていった。欧米の経済や文化を受け入れることを選択して、そこからくる自由の代償というものが生きづらさなのではないかと思います。そのように選択し、生きづらさを選択した社会が何かをカバーしていく、そのようなことが今後は大事になっていくのではないでしょうか。

嶋根　ありがとうございました。今日は学部、専門を越えて率直に話し合うことができました。そして、誰かが言ってくれたように、「生きづらさ」という誰もが感じているごくごく当たり前のことを捉え直してみるとき、いったい何が見えてくるのか、これが重要だとおもいます。そこから仄見えてきたものは、人のこころであったり、社会の構造であったり、あるいは日本、世界が抱えている問題を、若い人は若い人なりに掴み直して、何ができるんだろうかということを考える機会を得られたと思います。みなさんが議論を深めていく中で、その発言の端々から、明日からどう生きていこうかと考える、そういったヒントが隠されていたのではないでしょうか。これらがなんらかのメッセージとして、同世代の若い人々に伝わっていくことを願っています。

第5章

生きづらさを超えて

嶋根克己

「生きづらさのゆくえ」から

現代社会は「生きづらさ」に覆われています。下は子どもたちから、上は老年世代まで、多くの人たちが「生きづらさ」を感じながら生活しています。「生きづらさ」は、もはや時代の気分といってもよいでしょう。その「生きづらさ」の原因をこころと社会から探ってみようとしたのが、シンポジウム「生きづらさのゆくえ」でした。

香山リカさんは、「生きづらさ」を訴える若者との臨床経験から、その深刻な事態を紹介しました。呼吸をしたり心臓を動かしたりという、生きるのに最低限必要な行動でさえも物憂く感じる若者が出現していることや、極端な分裂《スプリッティング》的傾向をもつ境界性パーソナリティ障害として分類される人々が、一九八〇年以降増加していることを述べました。実際、私たちの周囲を見渡してみると、なるほどと思い当たる現象が増えているような気がします。しかもそれは個人の心理的傾向レベルにおいてだけでなく、貧困者と富裕者の拡差の増大、オリンピックやW杯などのイベントへの熱狂とその後の忘却、ますます経済的関係が強まることによる他国への相互依存と政治的嫌悪感など、さまざまな社会現象の中に極端な両極化として現れているようにさえ思えます。

上野千鶴子さんは、社会をとりまく大きな変動から現代の診断をおこないました。世界中に広がる新自由主義《ネオリベ》の傾向は、短期的な業績の向上をもとめ、成功した人は報われ、結果を出せない人は淘汰されていくのはやむを得ない、という風潮を作り出してきました。こうした傾向が、香山さんが指摘した境界性パーソナリティの広まりと無関係ではないということ、つまり世界的レベルでの社会変動が、個人レベルでの病理的パーソナリティの原因となっている可能性を示唆していることは大変興味深い指摘でした。

つまり、生きづらさをめぐっての現代人と現代社会の大きな変化を、香山さんはこころの問題から描き出し、上野さんは極端な市場万能主義の蔓延という社会環境から説明したのでした。

大庭健さんは哲学・倫理学の立場から、かつての共同体に見られた「無条件の存在承認」が通用しなくなったことを問題にします。自分が何者であるかをつねに問われ、そして存在証明《アリバイ》を発信し続けなければ、自我としての存在が危うくなってしまうことにあるのかもしれません。

これに対して嶋根は、少子高齢化が進行するなかで、「成熟」や「老成」という価値観が薄れ、「大人」になりきらないで未成熟なままに生きている人が増加していることを問題にしました。世界がどんどん便利になることによって未成熟な人も増加していきます。

このような議論を経て、私たちが直面している「生きづらさの時代」の実態と問題性が少しずつ明らかになってきました。

そこでシンポジウムを聴講した学生たちに集まってもらい、それぞれ経験や体験にもとづいて語ってもらいました。準備を含めると七時間を超える熱い討論については、4章にほんの一部しか収録できませんでしたので、あらためて彼らが生きづらい現在をどのように生き抜こうとしているかについて簡単に紹介しておきましょう。

「生きづらさ」について考えることが生きづらい

まず、「生きづらさ」について考えることほど「生きづらい」ことはないという沼沢君の発言です。これが現代の若者、ひいては現代人の置かれた状況を端的に示しているといえるでしょう。私は最近、ベトナム、ラオス、カンボジアなどの東南アジア諸国を歩く機会が多いのですが、そこでは、ただひたすら毎日を生き抜くことに一所懸命な人々がいます。生活は食べていくだけでも厳しいものがあり、自己意識に苦しみ悩むというような生活とは縁遠いようにみえます。

これにたいして、日本の若者はどうでしょうか。大庭さんが指摘したように、「私は何々村の何々である」というような自明の存在証明は、都市生活者においては困難です。たえず自分は何者であるかを発信し続けて、それを受け止めてもらわねばなりません。あたかもテレビに出る芸人が、自分の人気を維持するために、芸や言葉が過激化していくのと論理的には同じことかもしれません。いつも外見に気を配り、人の中に埋没しないように言葉や行動を目立たせなければならない不安感で満たされています。

また学校では「みな平等」と教えられながら、家庭や塾では人よりも抜きんでた成績を取ることが求められます。子どもたちは平等主義と競争主義に切り裂かれながら、互いにけん制しあって生きていかねばなりません。そして学校教育が終わると、唐突に社会の荒波へと投げ出されるのです。前代未聞の厳しさにある学生の就職活動は、ひとつの例に過ぎません。このような状態では、「私って何?」と問い続けることは、まさに宿命なのです。

平等主義と競争主義を都合よく使い分けているのは、実は社会（大人）の側で、子どもたちや若者はそこに胡散臭さを感じながらも、生き抜くためには両者と迎合していかねばなりません。若者世代がスプリッティングに悩むのは、当然かもしれません。

コミュニケーションの過剰と不全

つぎに、福田君が提起した「つながり依存」と「つながり恐怖」ですが、これは若い人のコミュニケーション様式の核心をついた表現だと思います。「ケータイ」や「メール」を使って、若い人たちは誰かと連絡を取り合っているように見えるのですが、実は他者からのけものにされることを強く恐れています。そのためにメールの返事《レス》をすることに強迫神経症的になりつつあります。ここではコミュニケーション過剰と、コミュニケーションの不全が同時に起きているのです。

G・ジンメル※が喝破したように、人とつながりながら適当に距離を取ったり、相手を魅了しながら拒絶したり、人間の行動には相反する方向性が同居しており、それがコミュニケーションに微妙な陰影をつけてきました。女性の魅力《コケットリー》は「イエス」と「ノー」の間にあると言われます。自分への要求のすべてを許してしまうことも、逆にすべてを拒絶してしまう態度も、魅力的ではありません。それらの間を揺れ動く心にこそ、人間関係の妙味があるのです。

しかし少子高齢化と核家族化、さらには都市的な生活様式における「不関与の規範」※は、現代人のコミュニケーション・スキルをますます低下させ、人と人との間の揺れ動く関係性のとりかたを難しくさせています。福田君のいう「他者との距離感覚の失調」は、社会学と心理学にまたがる重要な主題です。微妙な距離感覚の難しさが、人をネット空間へ逃避させていると考えられるからです。

ネット、ゲーム、ビデオなどが構成する疑似的な時空間は、さまざま

G・ジンメル　Georg Simmel　一八五八－一九一八。ドイツの社会学者。心的相互作用論などによってミクロレベルでの人間の行動について、すぐれた洞察を数多く残した。主著は『社会学』『社会分化論』など。

不関与の規範　都市生活においては、見知らぬ他者にたいして過剰な関与や干渉をしてはならないという暗黙のルールが存在している。

な情報であふれています。ゲームの中では、そうした情報をうまく処理してゲームをクリアすることこそが「経験値」となるわけです。しかしそこで得られた「経験値」は、身体の変化や心の痛みを伴いながら得られたものではなく、あくまでも疑似的なものでしかありません。変化や痛みを伴わない経験だけでは世の中を渡っていくことはできません。ゲームやメディアでの体験に慣れ親しんだ人々には、中断やリセットができない現実世界は生きづらいものになるのは当然のことですが、情報化社会に生きる私たちも、程度の差こそあれ似たような環境の中で生きていることは確かです。

また、ある学生の事例として紹介したように経済的困窮から生じる「生きづらさ」も相変わらず存在しています。それどころか近年ますます増加しています。一九五〇年代中葉からはじまった日本の高度経済成長で、「進歩と繁栄のイデオロギー」が、多くの人々に刷り込まれました。経済成長が続いている間は、それを餌にして、さまざまな社会的矛盾もなんとか抑え込むことができました。しかし成長神話が終わると、社会に閉塞感が蔓延するだけでなく、新興諸国が追い上げてくることによって先進国の困窮者たちの剥奪感は大きくなる一方です。就職難や就労状況の悪化は、今後ますます若い人たちを苦しい立場に追い込んでいくでしょう。

若者たちの時代認識

学生座談会を企画した時には、もっと悲観的な、あるいは攻撃的な声が上がってくるものと予想していました。しかし学生たちの意見は、意外と、冷静な視点から現実を見通したものでした。

たとえば、境界性人格障害が増えているという香山さんの説明にたいして、スプリッティング的な傾向を示す人が少なからずいることには大いに共感を示しつつも、三砂君は次のような意見を示しました。

精神医療の専門家から「あなたは病気です」と診断されれば、「病気」を抱える人々はますます増加していくでしょう。私たちは大事にされすぎていて、多少の心身の変化があるとすぐに医者の診断を受けなさいと指示されます。それが脆弱な人間を作り出しているように思える、という考えでした。

　これはI・イリイチ※が提唱した「医原病※」の考えそのものです。つまり医療制度が整っていない社会では、人間に本来備わっている治癒力に期待して放置されてきた症状でも、現代社会では病気の徴候として治療の対象となってしまいます。これが結果的には現代人を弱くしてきたという論理です。

　たしかに境界性人格障害はあらたに病気一覧に付け加えられた病名です。私は医師や臨床心理士ではありませんので、病気と病気でない状態の境目が何か詳しいことは分かりません。しかし近代社会が数多くの病気を治療すると同時に、多くの「病気」を創り出してきたという論理に

I・イリイチ　Ivan Illich　一九二六―二〇〇二　オーストリア生まれの社会評論家。南米での活動の経験から産業社会批判を強め、『脱学校の社会』『脱病院化社会』などの著作を残した。

医原病　イリイチは『脱病院化社会』のなかで三つの医原病について論じた。なかでも相互ケアや伝統的な治療が否定され、人々の自己治癒力が失われることを文化的医原病とよんだ。

は首肯するところがあります。大人たちの過剰な保護や防衛が若者たちの生きる力をそいでいるかもしれないという論理は、少し極端かもしれませんが、当事者である若者自身から発せられた言葉として注意深く耳を傾けておく必要があります。

自国文化を相対化する視点

三砂くんのこのような気づきは、彼自身の「異文化体験」のなかにありました。たとえば発展途上国の子どもたちは、過酷な生活環境のなかで生き生きとしている現実、ひるがえって日本では物質的には満ち足りた生活を送りながら、不機嫌な顔をして、塾通いをしたり、ゲームに没頭している日本の子供たちの実情、この落差に驚いたのです。いったいどちらが幸せなのだろうかと。

日本の子どもたちは、「生きづらさ」を敏感に感じ取っています。それは将来の欲望充足のために、現在の感情を抑制してでも生きていかなければならない不満、「今」を犠牲にしても、明るい将来が約束されているわけではないことの不機嫌さとでもいえるでしょうか。これ以上の経済発展が望めず、未来に展望が見えないとき、この不機嫌な気分は内向するか、外部に向かって爆発するしかありません。

最近の学生は、留学などで積極的に海外での体験を求める傾向が弱まっていると言われます。就職活動の前倒しと長期化で、のんびりと海外留学どころではない、ということもあるでしょう。しかしそれ以上に、「生きづらい」といいながらも、結局は現実の生活の「居心地の良さ」が若者たちの視線を内向きにさせてしまっているのかもしれません。

生きづらさをどう乗り切るか

しかし座談会に出席してくれた学生たちはそれぞれに悩みを抱えなが

らも元気でした。たとえば沼沢君は、現在は私たちが持ち続けてきた根拠のない幻想が崩れつつある時代だということが、シンポジウムや座談会を通じて明らかになってきたと語ってくれました。こうあらねばならない、ああしなければならない、という思い込みから自由になれば、こんなにも自分を苦しめなくてもすむのではないかという指摘は重要だと思います。

また深町さんは、世の中を変えることはそう簡単ではないけれど、自分の考え方を変えることは可能だ。同じ状況であっても幸せを感じられる人と感じられない人がいるのならば、幸せを感じられる人になりたい。自分が生きていくだけで必死な人がいる一方で、「生きづらい」なんて考えることができるのはまだ幸せだと、この一連の企画に参加して気付きましたと語っています。

自らの意識を変換するだけでは、根本的な生きづらさの原因は解消しません。二人の積極的（楽天的？）な考えは、本当の重荷を心に背負ってしまった人の助けにはならないだろうし、あるいは現在進行しつつある市場万能主義を押しとどめることもできないでしょう。しかしこのようにでも考えなければ、若者たちを取り巻く厳しい状況を乗り越えていくこともできません。ある意味で現在の状況にたいする若者たちの健全な適応であるといえるかもしれません。

生きづらさを超えて

アメリカの社会心理学者であるE・エリクソン※は、『幼児期と社会』という大著の冒頭で「神経症は精神的および肉体的なものであり、精神的および社会的なものであり、かつ人間相互のものである」と述べています。つまり精神と身体、社会と社会関係、こうした全般的なアプローチでなければ人間は理解できないという前提を掲げたわけです。そして幼児期に起源を持つ不安が、その人のアイデンティティの在り方に大き

※E・エリクソン　アメリカで活躍した社会心理学者。アイデンティティ（自我同一性）という概念で心理と社会の関連を分析した。主著は『幼児期と社会』『自我同一性』など。

な影響を与えることを綿密に論証していきます。

この本の結論部分は「不安を超えて」と題されており、そこには次のように書かれています。「不安に直面したとき、恐れなければならないものを正確に判断し続け……われわれの恐怖を訓練すること――これが思慮分別のある精神構造にとっての必要条件となる」。不安そのものをなくすことはできないけれど、不安の正体を知ることで、それが和らぐというのが、その意味するところだと思います。

「生きづらさ」の精神構造は、不安と似ているのです。あるいは「生きづらさ」の原因は漠然とした不安感なのではないかとさえ思います。自分自身が何者であるかの不安、自分の将来や可能性にたいする不安、人が自分をどう見ているのかについての不安、この社会の先行きに関する不安、そうしたもろもろの不安が、私たちの精神や生活を脅かし、「生きづらい」感覚をもたらしているように思えてなりません。

エリクソンが言うように、不安そのものを完全になくすことはできません。しかし不安に直面したとき、その原因が何に由来しているかを知れば、不安はやわらぐものです。同じように、私たちが何となく感じている「生きづらさ」も、他の人や他の社会と引き比べてみたり、その原因が私たちの外部にあることを知ったりすることで、「生きづらさ」の感覚を多少なりとも乗り越えていくことができるかもしれません。

そうした場合に、人間や社会について知ること、つまり心理学や社会学が提供してくれる社会知性は、強力な武器になっていくに違いありません。こころについての研究や社会についての学問がクロスオーバーした本書が、「生きづらさの時代」について少しでも明らかにすることができたでしょうか。読者の皆さんが、現代社会に蔓延している「生きづらさ」について考えるお役に立てたならば、この企画にたずさわった私たちみんなにとって、たいへん大きな喜びです。

あとがき

「はじめに」で荒木副学長が述べているように、本書刊行のきっかけは専修大学の創立一三〇年と人間科学部開設・文学部改組を記念するシンポジウムにまでさかのぼる。

シンポジウムの企画を練っている時期は、リーマン・ショックが世界を駆けめぐり、世界経済の先行きは見えず、大卒者の求人が激減し、「内定取り消し」という言葉が流れはじめた頃である。また秋葉原で不可解な無差別殺人事件が起きた直後でもあり、その不気味さに世間はまだおののいていた。そのような時代に、日本中を覆っていた生きづらさの原因を探るべく企画されたテーマが「生きづらさのゆくえ」であった。

当初は講演とシンポジウムの記録として出版物を作ることを予定し、したがって書名も『生きづらさのゆくえ』そのままで刊行することを考えていた。リーマン・ショック以降の世界の混乱は、今日も続いている。日本においてもその状況は変わらず、大学生の就職は空前の厳しさとなっている。二〇一〇年の夏には猛暑の影響で亡くなる人が急増したが、それは孤独死や行方不明の高齢者の問題を表面化させた。また中高年の自殺は相変わらず高い水準に張り付いたままである。そして国内政治の先行きは、われわれに何の希望ももたらしてくれない状態が続いている。まさに私たちは「生きづらさの時代」を生き抜かねばならない。

しかしタイトルの変更はそれにとどまるものだけではない。シンポジウムは学生向きに企画されたが、現実には学生の声を十分に反映させることができなかった。そこで学生座談会を実施して、彼らの実情や考え方を本書に反映させることにした。編集の都合上かなり多くの部分を削除せざるを得なかったのだが、彼らの発言には厳しい現状は現状としてとらえながらも、なんとか前向きに生きていこうというメッセージが含まれていることに、教師として率直に喜びを禁じ得なかった。もちろんこのようなテーマを真剣に考え、積極的に発言してくれるのが現在の若者の平均的な姿であるというつもりはない。しかし「生きづらさを考えることそのものが生きづらい」といいながらも、自分たちが置かれた状況を相対化し、またそれを世界の中に位置づけ、これでいいのだろうかと考える真摯な姿勢を目の当たりにすると、まだまだこの国も捨てたものではないな、と思わされてしまった。そんな学生たちの議論を前向きに発展させて、『「生きづらさ」の時代』というタイトルを選択することになった。

ちなみに「香山リカ×上野千鶴子＋専大生」という思わせぶりな副題は、香山、上野両氏に「ケンカ」をけしかけるつもりではない。心理を専門とする学問と社会学との交錯から生まれる発展性に期待をかけているのだが、行間をよく読んでいただければ両者の立場の微妙な関係を読み取ることができるかもしれない。

記念シンポジウムを成功裏に終えることができ、また本書のような形になるまでに実に多くのひとびとのご尽力、ご協力をいただいた。簡単ながら謝意を表しておきたい。

このように多くの人に注目される記念シンポジウムになったのは、香山リカさん、上野千鶴子さんの力によるところが大変大きい。何か月も先までいっぱいになったスケジュールを調整して、「浮世の義理」を果たすために、刺激的な内容の講演準備とシンポジウム、さらには本書の作成まで付き合わされたのは大変なご迷惑だったろう。しかし私たちとしてみれば学術、社会批評などで現在もっとも活躍されているお二人を本学にお招きでき、かつ熱い討論ができたことを大変うれしく思う。お二人には心よりお礼申し上げたい。

またシンポジウムの実施から本書の出版まで、ずっと裏方で支えてくれた専修大学学長室企画課の中山力さんと宮澤小野花さんにもお礼申し上げたい。企画が動き出した当時には、どれほどの人数が動員できるか心配し、応募が始まるや否や殺到する希望者に翻弄され、イベントが終わったあとには出版企画を勧めてくださり、さらには座談会の手配までしていただいた。またその間ずっと講演者、執筆者、あるいは出版局との面倒な連絡係を務めてくださった。彼らの力なしにはイベントも本書も存在し得なかった。

専修大学出版局の笹岡五郎さんにも大変お世話になった。このような内容の出版企画に慣れていない企画者は、せっかくの素材を、埋没させてしまうか、冗長な記述に終始して、読者の興味をあやうくそいでしまいそうなところを、的確な助言と編集力を駆使して、コンパクトで興味深い新書に仕上げてくれた。

私のゼミナールに所属している学部生、大学院生の諸君にも世話になった。シンポジウムの会場係として動員されたり、あるいは座談会に引っ張り出されたり、その書き起しや原稿の執筆を急に頼まれたり、さぞかし困惑したことだろう。博士課程の矢崎慶太郎君には、学生目線で編集のアイディアを出してもらった。また、本書の注は嶋根が執筆したが、矢崎くんにも一部担当してもらったことを付け加えておく。

最後になったが、記念シンポジウムの実施とＳＩリブレットの一冊として新書化に惜しみない援助を与えてくれた専修大学にもお礼申し上げる。

本書の刊行によって、現在「生きづらさ」を感じている人たちに、その原因について考えてもらい、また「自分だけではない」ということを発見するよすがになれば、企画を担当した者として大きな喜びである。苦しい社会状況や閉塞感はそう簡単に変わるものではないかもしれない。しかしそれでも私たちは生きてゆかねばならないし、あとから続く人たちに途は開いておかねばならないと思う。小著の刊行が多少なりとも読者のお役にたてば幸いである。

二〇一〇年一〇月

企画者の一人として　嶋根克己

SI Libretto——004

「生きづらさ」の時代——香山リカ×上野千鶴子+専大生

2010年11月10日　第1版第1刷発行
2012年12月20日　第1版第2刷発行

著　者　香山リカ　上野千鶴子　嶋根克己
発行者　渡辺政春
発行所　専修大学出版局
〒101-0051 東京都千代田区神田神保町3-8
㈱専大センチュリー内
電話 03（3263）4230㈹
装　丁　本田　進
印刷・製本　株式会社加藤文明社

ISBN978-4-88125-249-9

創刊の辞

専修大学創立一三〇年を記念して、ここに「SI　Libretto（エスアイ・リブレット）」を刊行いたします。専修大学の前身である「専修学校」は、明治一三年（一八八〇年）に創立されました。京橋区木挽町にあった明治会堂の別館においてその呱々の声をあげ、その後、現在の千代田区神田神保町に本拠地を移して、一三〇年の間途絶えることなく、私学の高等教育機関として、社会に有為な人材を輩出してまいりました。明治維新前後の動乱の中を生き抜いた創立者たちは、米国に留学し、帰国して直ちに「専修学校」を立ち上げましたが、その目的は、日本語によって法律学および経済学を教授することを突破口として、市民レベルから社会の骨格を支える有為な人材を育成することにありました。創立者たちのこの熱き思いを二一世紀に花開かせるために、専修大学は、二一世紀ビジョンとして「社会知性（Socio-Intelligence）の開発」を掲げました。

大学の教育力・研究力をもとにした社会への「知の発信」を積極的に行うことは、本学の二一世紀ビジョンを実現する上で重要なことであります。そこで、社会知性の開発の一端を担う本を刊行することとし、その名称としては、Socio-Intelligence の頭文字を取り、かつ内容を分かり易く解き明かした手軽な小冊子という意味を込めて、「SI　Libretto」（エスアイ・リブレット）の名を冠することにいたしました。「SI　Libretto」が学生及び卒業生に愛読されるだけでなく、専修大学の枠組みを越えて多くの人々に広く読み継がれるものに発展して行くことを願っております。本リブレットが来るべき知識基盤社会の到来に寄与することを念じ、刊行の辞といたします。

平成二一年（二〇〇九年）四月

第一五代学長　日髙　義博